婚內失戀

鄧惠文

目次

前言

已婚剩女？

偶然看到一本書，談的是「剩女」。「剩女」不是一個新鮮的名詞了，很多人都知道這是熟齡未婚女性在主流社會中被貼上的負面標籤。不過書封斗大的英文書名震撼了我——「剩女」被譯為"Leftover Women"[1]。

Leftover，在日常用語中，不就是剩菜的意思嗎？其實不只是剩菜，leftover可以泛指各種「沒用上的東西」，不是沒用，是沒被用上，例如製作商品或建築時的剩料。《紅樓夢》中的賈寶玉跟一顆石頭有淵源，那石頭是女媧補天時沒用上的，因此蘊積著種種曲折情懷，說起來就是個leftover。

1. 洪理達，《中國剩女：性別歧視與財富分配不均的權力遊戲》（Leftover Women: The Resurgence of Gender Inequality in China），八旗文化。

看見這名詞時，我正在整理這份為已婚女人寫的書稿，不禁百感交集。與「剩女」相對的，應該是已婚的女人，或說「得以結婚」的女人。然而，跨越「婚姻」這條分類線，到達另一邊的女人，就完勝了嗎？在婚姻的那邊，感覺幸福的到底有多少？

近年台灣的離婚率不低，簡化地說，可以想像為每三對結婚就差不多有一對離婚。而在結婚與離婚之間，處於已婚狀態的女人，許多是不快樂的，那感覺恐怕比未婚熟女更像leftover——沒吃完的冷掉的肉排，失去風味的蔬菜，乾掉的米飯或硬掉的麵包……。曾經認真地料理起來，隆重澎湃地上桌，歡喜期待著被吃掉而融入一個人的生命。結果，只有一小部分被吃掉（或者根本整個都沒被動到），剩下來被丟著、冷藏著，不掙扎的話，就會被遺忘到徹底變成廢物，直接通往垃圾焚化廠，連餵豬的時機都錯過。但若掙扎，吵著重新端出來，手舞足蹈地喊著「我還可以吃喲」，約莫也是徒勞，只會遭到更無情的嫌棄。

有名無實的妻子，寂寞的女人，對著做臉的美療師、洗頭的妹妹、賣保養品的櫃姐、心理治療師……這些不相熟卻願意觸摸她們身體心靈的人，傾訴無法與枕邊人分享的空虛。無處發揮的熱情與困頓的抱負，像洗髮精的泡泡那麼香香柔柔，卻只能等著被水沖走，直到與空化為一體，再也不信自己懷有什麼珍貴的潛質，別說是補天，連鋪地都沒有人願意踩。

還掙扎著、抗拒泡沫化的過程中，也曾求教於他人。但得到的建議大約是「婚姻本來就像這樣」、「妳幻想太多」、「婚姻是愛情的墳墓」。

婚姻是愛情的墳墓？

年輕人才不相信這句話，一心想著我的愛情當然會持續到婚姻裡，不止綿延不絕，還會開花結果。婚齡漸長才開始領悟，婚姻本來就是所有愛情的墳墓，只是時間不同意義就不同。弱質的愛情進入婚姻不久便磨耗早夭，婚姻無疑是它的墳墓；至於長壽的愛情，得以在婚姻中安居直到最後安息的一刻，婚姻不也是它的墳墓？問題並不是「愛情終將死在婚姻裡」這個事實，而是如果愛情死了人還要活在婚姻裡，那就是活人住在墳墓裡。

感情還活著的人，住在冰冷的婚姻裡，伸手抓不到人，叫喊只聽見自己的回音。那不只是寂寞，是比寂寞更逼人的，生命慢慢冷卻、存在漸漸稀薄的流失感。

我在心理治療工作中遇見許多這樣的女性。很苦。很悶。不快樂。不確定自己的不滿是否合理，不知道自己該追求什麼。繞來繞去，要好久的時間，才小心翼翼地說，我還想要戀愛的感覺。

「我不想找別人，我還是希望他愛我。」然後掩面懊惱起來：「我為什麼這麼沒用，被他吃死死的。」

婚內失戀？

對於已婚無愛的女人，「戀」是個扎眼的字。這字有言，有心，兩旁還有情意密密纏繞。而她們和喚作丈夫的之間，早已無言，也不覺有心。

沒有人不知道戀愛的感覺。失戀了，本來也應該很清楚。

如果妳是單身者，他不來找妳、他含蓄或明白地拒絕見面、他無意製造甚或逃避身體的接觸……妳會知道該想下一步了。

但若這人是妳的丈夫，原本簡單的判斷就會變得很複雜。有個聲音一直對妳說：「老夫老妻本來就是這樣」、「沒有熱情不代表婚姻有問題」。妳覺得自己不應該覺得不開心。

如果妳真的覺得沒問題，那就好。

如果妳一邊說服自己沒問題，一邊不斷地對另一半施壓，或是幽怨地期待他改變，做著心口不一、言行分裂的事，那麼，妳不是在逃避問題就是在製造問題。

妳真的不需要再問「我這樣的婚姻算有問題還是正常」。沒有人能替妳定義什麼樣的婚姻才算正常。婚姻又不是燈泡，會亮就正常，不會亮就該丟掉。婚姻更像一碗麵，在好吃到無可挑剔與噁心到要吐掉之間，存有很大的變異空間。妳覺得極為不滿的婚姻，對某些人而言簡直就是天堂。有人認為家事分工不均就算嚴重的問題，有人卻連無性、無互動，甚至另一半外遇，只要偶爾還會回家，都認為很正常。

每個婚姻都有個性，就像人有個性一樣。所以婚姻正不正常，無法確認也不需確認。不過，妳過得不快樂，甚至很痛苦，這就值得確認也值得關注。放下「無論如何他還是我老公」的障眼法，試著像單身時一樣直覺地面對，妳一下就會看出問題——妳失去了愛。然後，從年輕時就會的失戀求生的種種智慧和能力，才可能啟動。由於已婚者跟失戀的對象還有關係——住在一起的關係、共同教養小孩的關係、法律上的夫妻關係、面子上的依存關係……這種失戀當然比單身者的複雜又難處理。但一切都還是要從面對失戀的本質開始，才有機會改變處境。

說有感覺的話。做有意義的行動。拒絕被無愛婚姻的黑洞吞沒。

披上白紗那一天，我以爲失戀這種事再也不會發生在我身上。

我疏於操練一個人生存的技能，以至於連失戀都無法辨認。

我爲我的怠惰懺悔，但我接納我自己曾做的一切。

我在婚姻裡面失戀了。

現在開始我要停止無用的追逐，找回自我的價值。

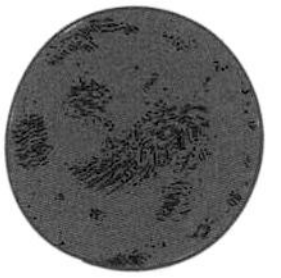

1 令人困惑的關係

我很煩惱，我和他的關係好像怪怪的……例如，我們一起經營公司，外人以爲我們二十四小時都在一起。但事實是除了開會時坐在同一張桌子旁，我們幾乎沒有互動。中午時間偶爾在電梯裡遇到他，我問：「你要出去吃午飯？要不要一起吃？」他可以毫不猶豫地說：「我不想跟妳一起吃午飯。」然後就繃著臉一路坐到地下室把他的車開出去，看也不看我一眼。前幾天聞到他噴古龍水，我好奇地問：「你今天爲什麼要特別灑上古龍水？你要見誰嗎？」他立刻用嫌惡的表情瞪著我說：「妳管的也太多了吧？」請告訴我，這樣正常嗎？

——陳太太

這樣的情節，各位讀者覺得如何呢？

如果這是一個戀愛關係，任何人都會覺得差不多要玩完了吧！但因為是在婚姻當中，不知怎的，人們就不敢確定到底這有沒有問題。陳太太強調：「如果我不過問他的行蹤，其實他是個很正常的先生，每天下了班就回家。假日我們也會一起帶小孩出去玩，早上他打果汁做精力湯的時候，也會留一杯給我。家用、金錢甚至我家人需要怎樣的支出，他從來不會吝嗇。是否老夫老妻就是這樣呢？」

一邊描述對關係的擔心，一邊又不斷地強調這應該很正常吧，真的非常困惑又無助。到底是覺得很怪，還是覺得正常呢？經過許多的討論，她才決定如何定義她的困擾：

我不喜歡這種狀況，每次聽到太太這個稱呼，我就感覺又被提醒一次，我哪裡像個太太？但是如果膽敢要求更多，我想他會很生氣，他會更不理我，也許我連現在所擁有的都會失去！

她失望，她孤單，感覺丈夫在彼此之間堅持著一道難以跨越的界線，不容她侵犯；多問一句他的行蹤、多探一下他的想法，好像就侵犯了這個界線，要遭到懲罰。

朋友說她一定是太敏感了，什麼界線，裝作沒看到貼過去就沒事了。她便試著厚臉皮對他說，一起吃飯嘛、帶我去出差嘛，結果他一律鄭重地拒絕，嚴厲地說：「我需要空間！」「妳不要逼我！」每次丈夫回了這種話，她總是啞口無言，她不知道還能夠對應什麼。

每對夫妻都有他們的生活協定，伴侶們不應該用令人窒息的方式去約束另一半，一位丈夫可以對妻子表達他需要什麼樣的空間，也許他需要自己一個人吃午飯，不想整天都跟太太膩在一起。但為什麼陳太太的丈夫需要用這樣的態度表達？如此強烈的反應，好像太太跨越了界線就被電擊一樣。

這不該是親密的人之間說話的方式。

為什麼關係會變成這樣呢?無法確定到底是自己過於侵擾,還是對方過於防衛?找不到溝通的方式,任何溝通的嘗試都被對方視為是一種挑釁、一種壓迫、一種攻擊,只能乖乖地待在對方設好的距離以外,但是在那裡沒有辦法感覺親近,自己的容受能耐也一點一滴地消失。最後無法控制自己對他講話也開始冷嘲熱諷,看他做任何事都不滿意。雖然知道自己也給了他很多負面的情緒和負面的態度,但無力改善。經年累月,已經分不清楚是誰對誰冷淡,誰在拒絕誰。

她也試著檢討自己(如果問題出在自己身上,情況就有希望改善):「因為我常對他大小聲,所以他才變成不想理我的。」真的是這樣嗎?那麼為什麼妳會對他大小聲呢?這樣追溯起來,又困惑了:「因為他都不重視我說的話,又對我不好,我才會愈來愈大聲。」所以並不是因為我對他大小聲他才

對我不好的……像這樣，彼此之間的鴻溝到底是如何形成的，往往超出記憶能夠分析的範圍。繼續從這方向思考婚姻問題，就會變得像鬼打牆一樣。

在一團混亂之中，唯一可以確定的是她的感覺。她像一個失戀的女人，清楚地知道那男人已經不想跟她靠近，但是她沒有足夠的勇氣去面對這個事實。

因為婚姻中的無情對待而尋求心理探討的來訪者，從丈夫那裡承受了各種難以想像的話語：

「一個老公該做的事我都做了，我有權擁有私人空間和時間，妳無權過問。」

「我跟妳就只有家人的關係。」

「我沒有辦法跟妳溝通，我也不想跟妳溝通。」

「我已經到了這個年紀，我想做我自己想做的事。」

無法面對問題的本質，就會被丈夫這種理直氣壯的話語鎮住，甚至認為「他這樣說好像也滿合理」。如果真的相信這很合理，就不會困擾才對。感覺如此困擾，明明就是因為這些話令人詫異。它們太刺了，讓人痛到連「你這樣說真沒道理」都應不出來。丈夫愈是理直氣壯地說出這種話，一點愧疚也沒有，妻子愈容易像被催眠一樣開始反省：我一定是做錯了什麼。

無法指出丈夫言論的不合理之處，妻子只能討價還價般地請求：「可不可以撥點時間跟我相處？」不然就是談起婚姻的權利義務：「我是你的老婆，難道一個老婆不能知道你去哪裡嗎？」「難道我不能知道你為什麼不帶我出去嗎？」這些「難道」總會引來丈夫更多的奚落，他們通常會說：「民法有規定我要告訴老婆行蹤嗎？」

這些妻子非常無助，而這種無效的言語只會為她們招致更多羞辱。真正需要說而無法說出的，是：「我想跟你在一起」、「你的拒絕讓我很震驚」、「我想知道你為什麼如此厭惡我」、「我沒有辦法這樣跟你生活下去」。這些話難以啟齒，妻子害怕直指問題會碰觸丈夫的底線，會激怒他，或者讓他有機會說出「我想離婚」或「我不再愛妳了」這種可怕的話。

為什麼這兩句話那麼可怕？可以讓人閉嘴不再吵鬧？因為「沒有愛雖然很痛苦，但失去婚姻損失更大」，這是婚內失戀者普遍的心態。

婚姻跟愛情能不能切割？人們傾向認為它應該是一體的，但在婚姻裡待久的人多半知道，婚姻與愛情的關係，最好也不過是分分合合。有些時候戀愛與婚姻非常一體、非常合拍，但有些時候彼此真的只剩下親人的關係，而沒有愛情的感覺。如果為了追求愛，需要丟棄婚姻或是毀壞婚姻，很多人會選擇繼續過著無愛的日子。因為婚姻有它一定的分量、一定的重要性，以婚姻作為梁柱的「家」，在很多層面上是紛飛的戀愛無法提供的。

但如果餘生都在無愛的婚姻中，過著槁木死灰的日子，就像任憑自己孤寂地走向滅亡。

難道人生就由另一半決定了嗎？有沒有什麼方法可以轉變處境？

這本書嘗試探討的並不是如何讓那位設下電網棘刺的冷淡伴侶恢復對妳的熱情，如同討論失戀時一樣，我們應該更關心如何讓自己好好地活起來，擺脫怨婦的詛咒。人們不期待論失戀的書寫出「贏回變心愛人的方法」，但論及婚姻，許多人就只想看到「贏回變心老公的方法」，一點也沒有興趣探索或改變自己。這就是問題所在——在婚姻中失戀的人總是想著、只

是關心著如何改變另一半，但這是徒勞無功的。除非能夠看清楚自己，除非能夠恢復自己的生命力，我們很難改變心冷的伴侶。

我們需要認真地問：婚姻中的失戀，到底是怎麼回事？這代表自己發生了什麼？

單身時失去愛的感覺，可能會考慮分手，但因為這是一個婚姻，如同前面所說的，人們不會輕易解散婚姻關係，也不想失去生活中的合夥關係，所以很難用一個人的立場思考，一般失戀適用的方法看起來都不適用。比方說，一個人出國散心？已婚者如果拋下家人，一個人出國，大家會覺得妳非常奇怪，甚至那位對妳設下冷淡距離的伴侶也可以逮到這個機會，指責「妳才是不顧家庭的人」、「妳才是婚姻出問題的源頭」、「妳根本沒有資格要求我」……這個單身失戀者最喜歡的方法完全幫不上忙。告訴自己下一個人會更好？這種方法對所有失戀的人都很有鼓舞的效果，但是對於婚內失戀的人簡直是一個笑話。既然不想解散婚姻關係，要去哪裡期待下一個人呢？難道是外遇嗎？外遇的後果妳能承擔嗎？所以這也不是個方法。還有，人們經常勸失戀的人尊重對方的選擇——「既然兩人不適合，不需要強迫另外一個人跟自己在一起」，「好好放手、祝福對方就是祝福自己」，這種灑脫對於婚內失戀者實在很難，試想，那個不給妳愛情、或是拒絕妳的人，每天仍然繼續享用著妳對家的付出，甚至妳也非常依賴他對家的付出，你們已經是一種生命共同體，在這些無法結清的依賴共存關係之中，妳很難尊重他的選擇，因為妳自己的選擇並沒有辦法被尊重，如果妳被綁住了，妳如何能尊重他隨時想去哪裡就去哪裡又不告訴妳呢？

如此，在婚姻中失去愛的時候，所有以前知道的方法都不管用，這讓人處在一種無望的狀態，無望的狀態會把一個人變得無趣、沒有生命力，第一個出現的狀況就是變得面容可憎，臉部肌肉不自覺地下垂、表情慵懶、毫無生氣。第二種狀況是，眼神看起來非常地寂寞，非常飢渴，好像不斷地在等待另外一個人給予回饋，讓人望之生畏。第三種情況是憤怒，很容易因為生活瑣事覺得不公不義、無法忍受，就像裝滿的容器，只要對方隨便再丟一顆石頭進來，就會讓怨嗔滿溢橫流。這些狀況不但會讓妳期待的那個人離妳更遠，還會讓不相干的人，例如其他的家人或是孩子也慢慢地疏遠妳，於是妳愈來愈寂寞，愈來愈寂寞的時候，以上三種情況就可能變得更加地嚴重，陷入惡性循環，到後來會連自己都不認得自己。

以上只是最常見的幾項症狀，還有不少人因為承受太多負面壓力與隱性的攻擊，又缺乏原本能夠平衡負面效應的自愛能量，而導致精神或身體的重大疾病。婚內失戀的感覺會嚴重損耗一個人的身心，不能不嚴肅面對並且設法脫困。就我所知，即使是專業的心理諮商師，也常對此問題束手無策，不知能跟個案談些什麼，我不只一次聽說為此困擾的女性被素有名望的治療師拒絕，推說「我的專長不是這方面」。只能說婚內失戀的無望感無力感實在太沉重了啊！

2 努力生活著　愛卻消失了

2-1

無意識的不滿

許多夫妻說：「不知道彼此之間的愛是怎麼消失的。」乍聽之下就這樣了，但仔細想想，這「不知道」，真的是「無法知道」嗎？還是「不曾知道」或是「不想知道」呢？

心理治療的實務經驗顯示，當夫妻有充分的大膽討論的空間，例如，當治療師能夠協助他們保持溝通時的心理安全感，不少原本覺得無法思考的夫妻都能開始看到他們忽略、逃避和無法正視的癥結。

慧穎

我一直是一個自主自信的人。結婚之後，我也維持著充分的自主性，我不喜歡傳統的夫妻分工，而我先生，程方，也同意這樣的觀念。我們兩個人的智識、能力、事業能力可說是相當的，我認為我們並沒有受到傳統夫妻角色的束縛，生活中的食衣住行都是以彈性的方式完成。

這樣理想的夫妻在十幾年之後，也變成了不太溝通，距離漸遠。程方愈來愈少主動與慧穎說話，性生活消失。慧穎偶然間還發現他對朋友說：「如果當初沒結婚，或許人生會更好。」

為什麼會這樣呢？

慧穎認為，這是一種無奈的轉變，久了，彼此的感覺就疲乏了，沒什麼值得探討的。不過，她不只一次地提到：「我有朋友結婚更久，我很好奇他們為什麼還是很好。」

諮商初期，程方多半沉默，頂多當慧穎說完一段話，他就點點頭。幾次之後，治療師關切他的沉默，邀請他們一起想想程方的沉默代表什麼。

慧穎：「他平常就是這樣。我不覺得有什麼特別的意義。」

治療師：「平常就是這樣啊？兩位的日常生活，就跟我們在這裡時一樣，不容易聽見程方的聲音？」

慧穎偏過頭去看了一下程方。「如果他有什麼想說的話，不是應該自己說出來嗎？」

程方：「我要說什麼？」

慧穎：「看吧。他沒有什麼想法。」

治療師：「對於我們現在討論的主題，程方好像沒有什麼話想說。但我不確定如果是別的主題，程方會不會有想說的？」

慧穎往椅子深處坐。聳聳肩。

治療師和慧穎等待。

程方：「所以現在是在等我提主題嗎？坦白說，我現在的年紀，在意的比較不是婚姻什麼的。」

治療師：「這是不是表示你有在意某些婚姻以外的事？」

程方：「……也沒什麼。我不太會想自己在意什麼。」

慧穎：「他跟我一樣，不喜歡因爲自己的需要而麻煩別人。我們都認爲各人就是應該處理好各人的事，不要攪和在一起。」

程方沒有接話，也沒有點頭。

治療師：「你同意嗎？程方？」

程方：「……以前是這樣吧。」

慧穎有點訝異地看著程方，問：「難道現在不是這樣了嗎？」

程方：「以前我的確認為，怎麼說，人應該過得很自在吧。不過，最近我有時會想，父母老好多，過去十年我好像太少回去陪他們。」

治療師：「覺得愧疚？」

程方：「我有想過，如果我有常常回去，他們健康會不會好一點，或者我現在感覺也許不會這麼沉重。」

慧穎：「我沒有聽你說過這些。」

程方：「沒什麼好說的。妳又不喜歡去我爸媽家。」

慧穎：「你這是什麼意思？你的意思是，因為我不喜歡去你爸媽家，所以你才沒回去，現在你很懊悔，所以這是我的錯嗎？」

慧穎感到被指責而激動起來：「我從來沒有阻止你回去看你爸媽，如果你要回去，你就可以回去，爲什麼現在要把你自己無法承擔的罪惡感賴給我？」

程方：「我沒有覺得妳做錯了什麼，我也不想把罪惡感賴給誰。我只是說，對父母感覺沉重。」程方並沒有跟著激動起來，但他刻意平淡的語調卻讓慧穎更難受。

這只是他們許多問題之中的一個，以他們平常的互動模式，慧穎可能一直沒有機會知道程方心境的轉變。

愛是一種非常精緻的感覺，也非常脆弱，不見得因為雙方做錯什麼才損耗消失。人有著複雜的心態，連自己都沒有辦法預期，像程方這樣，多年來都贊同慧穎的生活方式，到了某個人生階段，由於父母老去引起的愧疚感而覺得沉重。理智上他並不覺得自己對慧穎有所不滿，但當他沉溺於自己的愧疚之中，他的心離慧穎愈來愈遠，他也沒有嘗試跟慧穎分享心情，沒有努力拉近彼此的距離。

當他們更深入地探索自己的心態，程方逐漸發現他對妻子其實有著理性上難以承認的需求，例如，如果她能更喜歡與他一起孝敬父母，他會很開心。他意識上不想勉強慧穎做不喜歡的事，但不知自己的無意識中累積著不滿，到了父母急速衰老的階段，愧疚、失落等情緒凌駕了理性，原本在控制之下的不滿開始浮現，莫名其妙地攻擊他與妻子的關係。疏遠與冷淡只不過是最溫和的一種報復，如果他無法意識內心的矛盾並加以統整，可能還會出現對關係更具破壞性的其他行為模式。

站在慧穎的立場，一定覺得她沒有做錯什麼。一路走來，生活的方式都是兩人同意的，丈夫從來沒有表達過不滿或要求，一旦他心境轉變，竟然就逕自從親密感中脫離了？

理性上認為夫妻應該如何生活，不見得在深層情感上也對這樣的生活滿意。認真地生活著，卻沒有覺察無意識中累積的失望與不滿；人生進入不同的階段，心境有了轉變，這些都足以讓一個人對另外一半失去熱情。如此複雜的心態，糾結著個人獨特的生命歷程，不可能靠著任何簡化的「婚姻相處之道」加以預防。

所以當關係冷淡了，變壞了，試圖追究責任往往是徒勞的。只能面對現狀，放開防衛與否認的習慣，好好觀察：我們發生了什麼事？一邊了解自己，一邊試著了解對方的心態。所有以前理性上、意識上知道的對與錯，現在可能都不適用。妳自己，以及眼前的這個人，都需要重新被認識。

2-2

過度付出

欣如

我不明白他爲什麼對我這麼冷淡？我就算不是一百分，也肯定是九十五分以上的老婆。從結婚開始，我的家裡不只打掃得一塵不染，而且還隨著季節會變換美麗的布置；我的家非常地舒適，沙發罩、床單、桌巾都是親手整燙，陽台花草欣欣向榮，孩子們也養得活潑健康；我每天都煮三餐，有最新鮮的水果，我都從有機農場訂購最棒的食材，我也會看書上課，精進自己的廚藝，我每天中午都送飯盒到先生的辦公室以及兩個孩子的學校……

我不明白，我做了這麼多的事，爲什麼他還不滿意？

欣如的困惑，讓人聽了好難過。她付出了無數的時間，用她的話說，就是「從來沒有過過自己的生活」。如此還不滿意的丈夫，真是太不合理了。

可是，她的丈夫怎麼看這一切呢？

不斷被欣如逼問「你到底有什麼不滿」，丈夫終於開口說話時，他說的是：「如果妳真的想了解，我可以回答妳，但是之前我從來沒有機會說出這些。」一在治療師的邀請之下，丈夫說：「妳做了很多很多的事，沒錯，我很感謝妳。但我從來回家看到的就是妳在忙，我即使看著妳，妳的眼睛也沒有看到我。甚至我不曉得妳知不知道，妳永遠急急忙忙的、說話的口氣很躁，只要有一點事情不照著妳的計畫，妳就會很緊張地糾正，不管是我、不管是孩子，都必須活在妳的場景當中；飯上來了，我們就要趕快地吃、愉快地吃，只要吃得慢一點、或者說有一盤菜沒有人動，妳就會馬上說要不要再煮另外一樣東西，我已經很久很久沒有辦法跟妳說話……」

欣如感到錯愕，她認為這些話對她非常地不公允。但她也知道丈夫說的是事實。她做了非常非常多、到了犧牲自己的程度，丈夫接受了她提供的各種照料，也同時接受到如此付出的太太身上的壓力。欣如極度投入對家人的付出，卻疏忽了自我的照顧，她的確提供了丈夫頂級的照料，但同時也給了丈夫一個過度勞累的妻子和她的負面情緒。

丈夫很少看到她的笑容，她也忘了去邀請丈夫的笑容。

丈夫的話開啟了回顧，欣如發現，她不再看著他的眼睛或直視他的臉，是因為常常在做了許多的家事之後，她期待丈夫肯定她或感謝她，但通常丈夫都不會給予任何回饋。如果她盯著他看而得不到期待的回饋，她心裡就會有個聲音高喊著：「妳做這些真不值得，沒有人感謝妳。」所以她漸漸地只做事而不去看他的表情。

在雙方的解讀中，都認為自己沒有做錯什麼，可是他們之間的親近跟愛的確是消失了。

欣如問丈夫：「如果我放鬆一點，你就會對我好一點嗎？」

丈夫無奈地回答：「我不知道！有些感覺消失了就是消失了，我不知道要怎麼樣再回來。」

過度付出的人非常負責、要求完美，希望帶給別人好東西，但卻常忘了伴侶也需要覺得他自己是個好人、是被喜愛的。當我們不斷地壓榨自己，做到超過自己能夠負擔的程度，以至於變得不快樂或失去了笑容，伴侶雖然看到我們端出豐盛的大餐或做了很多家事，但是，少了笑容，他就沒有辦法感覺他是被喜愛的，甚至會覺得是被我們厭惡的。

讀者們一定會說，這種人真是不成熟呀！為你做了這麼多事，你還不知感恩？如果不愛你，難道會為你做這麼多事嗎？

可惜，事情就是這樣。請試著想想，當妳是被服侍的一方的時候，妳真的都覺得很快樂嗎？有沒有一種服侍，曾讓妳感覺夾帶著「妳什麼都不做、都是我在做，妳應該要很感恩我」這樣的壓力？許多人跟母親都有過這種經驗吧！

一個女人進入妻子和母親的角色，稍一不慎就可能被這些角色的原型特質籠罩。無己無私地付出，不知不覺地變成一個緊繃和高張的人。要避免落入這樣的狀態，必須時時刻刻尊重自己，時常提醒自己：「我的笑容、我的快樂，是價值最高的東西，是家人最需要的東西。」

不管是對自己或對伴侶，這都是不能失去的東西。失去了笑容，下一步就會發現，愛也失去了。

2-3

重視原則勝過感受

婚姻中戀愛感消失的另外一個常見原因，是一方認為另一方重視「家」或「家人」之類的原則，勝過作為「人」的感受。

曉芳

她是一個盡職的媽媽，當然也是個好太太，自從有了孩子開始，她就是這個家最好的維護者和「活動股長」。每到假日，她總會先規劃好要帶孩子到哪裡去玩，在這些過程當中，她也會徵詢我的意見。不過，如果我顯得不想度假或不想去她建議的地方，她就會不厭其煩地對我曉以大義——「爲了孩子的成長，我們應該要多讓他接觸大自然」；「爲了孩子的發展，應該要多陪他參加活動」；「家人應該要一起行動，所以當然是大人配合小孩……」

——曉芳的丈夫

這些話，各位太太們是不是也常說呢？「平常都在上班，難得在家的時候，不可以用手機，不應該上網」，「吃飯的時候不應該看電視，大家應該要坐在一起，分享今天發生的事情」，「假日的時候我們就不應該再加班、不應該再應酬」……這些聽起來都是很棒的健康家庭的原則。問題是，任何原則都需要配合人的狀況而調整，不然人的存在感就會消失在原則之下。例如，有些時候，伴侶在職場有升遷的壓力，他心裡很想利用某個週末讀完一些資料，或者趕工做完一些報告，這些東西有機會讓他在下週的會議中表現優異，勝過其他的同事。有些時候，在所謂的晚餐時段或居家時段，他只想放鬆一下，看看電視或滑手機，當太太堅持這些非常棒的「家應該如何」的原則，他實在沒有理由反對，因為這些道理聽起來都非常正確。但是慢慢地，對他而言，「家」已經不是一個為了他的需求跟他的感覺而打造的地方，他們的「家」更像是一個他跟太太扮演著正確的父母，努力把家人帶向正確的地方……這樣一個團隊的理念。

人的內心都有自我的、甚至是自私的部分。如同上一節提到的，妳的伴侶理性上可能會贊同妳的原則，也盡量配合，可是不知不覺，當他的喜好不再是決定事務的優先考量，當他個人的獨特意見不再被重視，甚至他沒有一點任性的空間，無可避免的，他會離那種被寵愛的、像個孩子般的感覺愈來愈遠，偏偏這種感覺是滋生戀愛感所必須的。於是，妳知道妳的伴侶是一個合理的大人，但相處時，你們就是按照計畫做該做的事，少了許多樂趣，沒有變化，也不會有某種互相的撒潑、調皮和受寵的感覺。

讀者可能會感到驚訝，我提出這樣的例子，難道是要反對大家用健康的方式經營家庭嗎？

不是的。其實我個人也非常認同上述這些家庭生活的原則，我想說明的是：如果我們過分地重視概念而忘記了伴侶作為「人」的本身，就很容易導致僵化的模式，讓「人」覺得不受重視而失去了愛戀感。家的概念是由「人」延伸的，家應該如何的概念，是為了讓每個人都幸福而產生的，所以它應該隨時保有調整的彈性。

會把原則執行到讓伴侶覺得不受重視的程度，通常是因為我們率先就這樣對待自己，毫無保留地把自我貢獻給家庭，很少考量自己的需求，簡直到了「家庭的需求就是我的需求」的一體融合程度，因此根本不會去想自己受不受重視，也不會察覺個人與家庭之間有什麼微妙的利益衝突。處在這種狀態的人，很難想像不在這種狀態的另一半到底有什麼毛病，為什麼他會有那些奇怪的不配合大家的舉動？或者說，他的配合本來就是應該的，為什麼會有不滿呢？當夫妻開始溝通，能容許丈夫說出感受時，太太才很驚訝地發現，彼此對於個人需求的在意程度，實在差太多了！不認為個人需要為家庭改變那麼多的丈夫，甚至會認為太太高舉家庭倫理的大旗，爭取的其實是她個人的喜好，既然都是個人喜好，「為什麼我要聽她的？」如果無法敞開心胸，真正了解彼此心態的落差，很難聽懂對方在說什麼，久而久之只能抱著怨懟，愈離愈遠了。

琬宜與士豪

「家人違反我認爲對的規則的時候，我不得不出聲啊！例如說，當小孩生病，我覺得老公應該要立刻請假回來，跟我一起帶小孩去看醫生。如果他沒有回來，我當然會不高興。」琬宜說。

士豪：「我的工作非常忙碌，但是她認爲小孩生病，身爲父親不應該是第二線，不應該讓母親單獨帶小孩去看醫生，她覺得這會形成小孩子對於父母一種不對等的印象。所以她要我隨時都要能請假，不管當天有什麼重要工作。」

琬宜：「這有什麼不對嗎？」

士豪：「沒有什麼不對。可是妳可以好好說吧？不用像在罵我沒盡到責任那樣。」

琬宜：「你若是有盡到責任，我哪有機會罵你？」

士豪：「……」

琬宜的觀念並沒有什麼不對，而且小孩需要看醫生時，她從來都是毫不考慮地請假。可是，士豪覺得她重視對錯勝過於他的感受：

「我要在上班中臨時請假，然後開多久的車回家，然後再開回公司，然後再加班，然後再去完成我的事情，這些東西妳通通不考慮。而且所謂孩子生病，有時不過就是感冒而已。」

一方理由充足，另外一方其實也覺得自己有理由，但比較沒有那麼冠冕堂皇，於是就慢慢地變成不應聲、不溝通，彼此之間的嫌隙愈來愈大。這是婚姻中常見的無奈，明明老公就是比較狀況外，還不能說他。如果忍不住流露出不滿，他就愈來愈被動，結果老婆不得不更積極地去叫他來做事，而他的態度會愈來愈抗拒，成為一個惡性循環。

治療師：「琬宜，如果妳自己帶小孩去看醫生，可能會有什麼困難嗎？」

琬宜：「很多啊！小孩生病我已經很緊張了，還要叫車，計程車又沒有安全汽座，在醫院一下要批價一下要檢查什麼的，就很慌亂啊！然後醫生時間都那麼趕，我也怕我漏問什麼事情。」

治療師（詢問士豪）：「琬宜對於自己帶小孩去看醫生有很多擔憂，這些你們討論過嗎？」

士豪：「沒有！她從來沒有這樣說。如果她這樣說，我就會了解。可是她跟我說的並不是單獨帶小孩去看醫生的困難，她說的永遠都是冠冕堂皇的理由，『你這個父親怎麼可以不負責任』如何如何的。就是好像我很爛似的。」

琬宜這方，如果能表達自己需要丈夫的參與，而不是指責丈夫的不足，關係多半能有所轉圜，但這在實際生活中並不容易做到。試想，老公從一開始就比較被動，常常一肩挑起重任的女性，逐漸忘了自己可以要求幫助，也不再相信「好好說」能夠驅動丈夫，因此很難以「我需要你」的柔和口吻請求協助。每次都是撐到受不了時才開口，而且心裡預期老公又會說出一些逃避的藉口……結果當然要搬出大道理來說教，也就是老公所謂「指責的口氣」。這到底該怪誰呢？

2-4

變成一個無趣的人

妳是一個有趣的人嗎？他是一個有趣的人嗎？

想像任何一齣偶像劇，如果男女主角之間能有活潑的戀愛，這兩個人一定都有可愛之處——至少在彼此的眼中。他們相處的時候，有些童心，有些性靈真切的表露，有時只是讓人捧腹大笑的一個小點子……

婚內失戀的伴侶缺乏這些興味元素。

一種狀況是妳真的變得很無趣，在絕對值上變得無趣。不僅伴侶覺得妳無趣，連小孩、家人、朋友都覺得妳很無趣。為什麼會變成這樣呢？大部分其實不是妳的錯，妳可能是一個非常認真的人，一旦進入某種角色就努力、努力、再努力地做著該做的事。多年下來，妳所熟悉的只剩下跟家人有關的事，妳停止吸收其他領域的新知，妳沒辦法關心其他的事，因為妳在意的家人的事已經占據所有的時間，即使有時間，妳也不容許自己把心力花在跟家人無關的事情上。另一半也許有著相同的狀況，於是他也變得很無趣。一個人日復一日用同樣的方法做同樣的事，加上年齡增長，更容易對新事物產生抗拒，甚至對於新的刺激感到恐懼，停留在自己的舒適圈內，當然會逐漸變得無趣。伴侶之間只要有一個人進入這種狀況，彼此之間就很難有什麼火花。此處我必須強調：一對無趣的夫妻，也可以相知相惜，緊守著彼此，擁有別人不了解的甜蜜生活，但這不在本書的討論範圍，因為他們並不會為失戀而苦惱。此處我們探討的是：需要有戀愛感，卻不知「無趣」是問題根源的妻子們。

無趣是生活氣息的破壞者。相對於前述這種絕對值上變得無趣的狀況，有些人本身並不是無趣的，但另一半就是不合拍或不懂得欣賞。在其他人的面前，妳是一個有趣的人，但是在妳的伴侶眼中，妳非常地無趣。

這實在是令人生氣的狀況——「我明明就很有魅力，世界上只有你看不到」、「你就像冰原一樣會讓人冷凍」、「跟你在一起就是對牛彈琴」，這些抱怨都還算好的，有更多妻子們直接跟心理治療師說：「我老公簡直是個活死人。」

會發生這種情況，往往是因為彼此關注的事沒有交集，人生往不同的方向發展。夫妻的興趣、信仰、職業不一定要相同，但如果不同，一定要常常互相分享，如果不認真地保持交流，就會漸行漸遠，不知不覺到了看不懂彼此趣味的遠方。有位妻子持續地發展藝文方面的興趣，但丈夫從來不看展覽、不聽音樂會，他認為「那些東西都不切實際」，在太太眼中，這丈夫很無趣，在丈夫眼中，太太也很無趣。有些男士喜歡運動，不斷添購新的運動裝備，例如高爾夫球、網球、重量訓練等，但太太討厭運動，在我認識的個案中還有人對陽光與草地過敏，所以完全沒有辦法跟先生一起去運動。如果他們沒有其他的共同關注點，就容易覺得另一半是無趣的。類似的情形很多，有人關注的不是運動或藝術這些嗜好，而是小孩，即使在跟另一半講話的時候，也不改跟小孩說話的模式。例如，小孩不在身邊的時候，妻子這樣對丈夫說話：「你要把剩下的菜菜通通吃光光喔！」這種場景其實還滿可怕的吧？

不管為了什麼原因，無法繼續擴展自己的眼界，整個人變得單一平面而不再有立體感，沒有生機，沒有新的可能性，這就是一個無趣的人。

遭遇婚內失戀的時候，女性經常根據文化的慣性鎖定問題，例如：我年老色衰，他看膩了；我生養孩子，身材走樣，他就變心了；我省吃儉用，沒有打扮自己，他就失去興趣了。這些想法的結論就是「丈夫很沒良心」。男性最常自擾的想法則是「錢賺得不夠多，被老婆看不起」，其實這些往往不是問題的根源，就算有這些問題，通常也不會讓婚姻中好的感覺完全消失。許多夫妻仍然擁有美麗的軀殼，也有很好的成就，但是以「人」的感性來說，真的很無趣，這才是讓愛緩慢流失的原因。

2-5

無法分享感受

情人之間什麼都想分享，不管是感覺、思緒、體液、錢……但是失去了戀愛感的兩個人，彼此之間隔著一堵牆，無法分享也無法穿透。

與伴侶分享情緒是一種能力。在短期的相處中，例如熱戀期間，什麼都拿出來跟對方講，對方講的什麼都願意聽，好像很容易。但是進入婚姻生活之後，要長期保持這樣的能力，就不是每個人都能做到的。

有些人天天都在表達自己的情緒，但是聽不得對方表達情緒；有些人說不清楚自己的情緒，只覺得自己情緒不好時，對方有責任，所以一開口就像是抱怨，讓對方喘不過氣；還有一些人整天逼迫對方分享情緒，但是他們的目的是為了趕快把對方的情緒處理乾淨，而不是支持或陪伴。這都不是能夠滋養愛的方式。

闡述依附類型的心理學理論能夠幫助我們了解伴侶之間的這種問題。逃避型的人一旦有情緒，會立刻退回自己的安全堡壘內，但焦慮矛盾型的人有情緒的時候，反而需要緊抓他在意的人，鉅細靡遺地告訴伴侶自己的感受，希望伴侶能夠了解。榮格心理學則是以「內傾」與「外傾」描述這兩種人的差異。伴侶雙方如果類型不同，搭配得不好，分享情緒這件事往往是一種災難。

進行伴侶諮商時，我們經常看到一方滔滔不絕地抱怨另外一方多麼冷酷無情，但是當另外一方終於有機會表達的時候，會說他不斷地受到情緒轟炸，所以只好保持沉默，拚命躲閃。這種被指為冷漠的一方，也曾經試圖表達感受，但他們表達的感受總是被質疑或打壓，除非贊同對方的感受，「你應該要滿意」、「你應該要愉快」、「你應該要感謝我」，不然就別想有片刻寧靜。因此這方愈來愈不願意談感受，夫妻之間所有情緒與問題，都留待另外那方來處理，於是另外那方承受的壓力愈來愈大，需要表達的情緒愈來愈多，角色愈來愈惹人厭，後來根本搞不清楚哪些是自己的情緒，哪些是那個不表達的伴侶的情緒，這就會讓兩個人之間好的感覺消失殆盡。

除了性格類型之外，夫妻溝通還牽涉到文化中的刻板角色，丈夫的角色、妻子的角色、男性的角色、女性的角色……等等。如果沒有很大的功夫去自省、自覺，很容易陷入上述的僵局。這種角色對應的問題，是造成關係惡劣最常見的原因之一。不過，若能看懂彼此的人格類型，跳脫原本的溝通模式，這也是所有關係障礙中最有機會改善的一種。

柔安和志偉

柔安的母親年事已高，這幾年身體狀況並不是很穩定。柔安記掛著母親，常常需要坐兩、三小時的車到母親居住的鎮上去照顧母親。志偉對這樣的狀況非常地支持，也能同理，在柔安不在家的時候也常常幫忙柔安，不只是做家裡面要共同分擔的事，他也甚至還會幫柔安處理一些工作上急需回覆的信件、搜集資料等等，所以看起來他們在這件事上合作得很好，兩個人也都覺得對方做了正確的事。

有一天志偉接到主管的詢問，公司選派他到歐洲接受爲期六個月的專業訓練，這項專訓代表著他回國後可以獲得升遷。

志偉跟柔安有一個約定，如果需要待在國外超過一個月，最好是兩人同行，他們多年來都維持著這樣的約定。當志偉得知這項進修與升遷的機會，非常擔心會帶給柔安壓力，他想，這個時期要柔安出國幾個月，應該會有困難。她會記掛著母親、也會對母親有愧疚感，不過，總不能直接拒絕這個難得的機會吧？最後志偉提出來跟柔安討論。

柔安聽到之後，微笑著對志偉說：「你決定，如果你覺得這是一個很好的機會，那我們就去。」

志偉說：「可是妳媽沒關係嗎？」

柔安說：「我可以處理，大不了我可以在有需要的時候飛回來，這邊也還有我弟弟他們。」

柔安的表現，好像她對這件事沒有任何困擾。然而，該答覆主管的日期近了，志偉發現柔安都沒有再對這件事表達任何想法，每次他提到：「我是不是該去回覆公司了？我們可以確定要去了嗎？」柔安總是說：「我現在沒有時間談，你決定我就會配合。」

志偉覺得柔安雖然說沒問題，可是每次問她這件事，她眼神都看別的地方，表情似乎帶著一些不高興。於是志偉遲遲不敢去回覆公司。到了期限的前一天，他對柔安說：「我必須要決定要不要接受這個機會，妳可以跟我確定妳贊同嗎？」這時柔安變得很生氣，她說：「我已經告訴過你，你決定就好，你一直問，是你自己有什麼猶豫吧！不要把責任丟給我！」

志偉感到自己的關心遭到誤解，他們大吵了一架。這場架翻出了很多問題，顯現兩人內心層層的糾結與溝通的無望。

志偉：「我是擔心妳會掛念媽媽，所以才一直問妳是不是確定可以出國。」

柔安很憤怒：「你一直問，不相信我說我可以跟你去，是什麼意思？我的確常常去照顧我媽，但我們家裡該做的事我有任何沒做到的嗎？你對我花時間照顧我媽有什麼不滿？」志偉覺得被冤枉，他強調自己一向都很支持柔安去照顧媽媽，也做了很多事情來協助，但這卻讓柔安更加憤怒，她說：「原來你覺得做這些事情很偉大？你覺得我欠你嗎？」

我常想，一般連續劇裡面夫妻爭執的對話，都太容易理解了。志偉和柔安這種莫名其妙對不到頻的，到最後完全理不清到底因何而吵的，才是真實生活中夫妻爭吵的典型。

志偉跟柔安的心裡發生了什麼事？

柔安面臨需要照顧母親以及追隨志偉到國外的兩個選擇，兩項之間顯然有執行上的衝突，因此造成壓力，她無法深入處理內心多重的感受與情緒，期望自己兩邊都能兼顧。她不願成為志偉事業發展的障礙，也不能不照顧母親，在丈夫與母親的需求之外，她自己的意願又是如何呢？如果跟隨丈夫出國，也算是一段合理的喘息期吧！讓弟弟多負擔一些照顧母親的責任……但這種念頭馬上又引起了罪惡感。柔安這些複雜的心情，自己無法認識並且加以思考整理，便在暗流中傳遞到敏感的志偉身上。

當志偉一再要求柔安確認的時候，他也面臨著兩難。如果真的要體諒妻子，乾脆就直接放棄進修與升遷，但他很想把握這個機會，也就是說，他其實知道自己在要求妻子的配合，他有一點擔心這樣太自私，因此想要得到妻子百分之百的保證，確認她是自願配合的，這樣他的愧疚感可以少些。柔安感覺到志偉這種心態，因此感到憤怒——明知你需要我的配合，明知現在你需要我做一件為難的事，與其一直來確認，不如坦誠地說「謝謝妳在這種壓力下還願意支持我進修」吧！兩人都不願意承擔愧疚感，就會變成這樣。

展開婚姻關係的探討之後，柔安逐漸認知自己壓抑的感受，對於自己經常要離家去照顧母親，她其實有些心虛，擔心志偉覺得不受重視，所以她很容易懷疑志偉對她有所不滿；而志偉在支持柔安的時候，有時也忽略了自己的感受。這對夫妻都認為自己可以完全為對方著想，但個人真正的意願在哪裡了呢？沒有意識到的個人意願，終究會在潛意識中製造負面情緒，並且以曲折的方式表現出來。夫妻之間如果沒有辦法坦承自己真正的情緒，無法合作探索彼此無意識的心結，那麼不管覺得自己多麼努力地配合另一半，像柔安和志偉，還是會漸漸產生距離感的。與自己內心真實感受有距離的人，跟另一半一定也會有距離的。

2-6 縱容對關係有害的行為

夫妻在關係變得不好之後，就容易抱怨另一方做了某些讓自己心灰意冷的事，例如「他決定事情都不問我的意見，我一點都沒有被尊重」，「我覺得他把我當成傭人，呼來喚去，挑剔我做事的方法，做得好是應該的，做不好就一定是責罵」，「對於我的穿著、身材，毫無保留地批評，我只是看著電視上女明星穿了一件漂亮的衣服，情不自禁地說『那件好漂亮，我也想買！』他就和小孩一起奚落我說：『穿在妳身上能看嗎？』」還有更多，幾乎家庭生活的各種層面都有可以抱怨的：「他的父母態度很差」、「他的姊姊很討厭」。

讓我們暫時停下來。好的，他的確做了很多讓妳心灰意冷的事，難怪妳沒有好臉色給他，難怪你們的關係會逐漸冷淡，甚至變得敵對，但是讓我們問一個問題，妳曾經試著阻止他嗎？妳曾經溫和而堅定地提醒他，這樣的行為會傷害你們的關係嗎？還是，除了忍讓之外，就只有反脣相譏，等待機會反擊？

兩個人對於維繫關係品質都有責任，試想，當小孩因為欠缺思慮而破壞了家裡重要的東西，或是伸手過來打人的時候，我們會怎麼做呢？當過父母的人都知道，這時必須為孩子設下有幫助的界線，例如，冷靜地告訴他不可以打人。對於大一點的小孩我們會說：「你很生氣，你可以用說的，打媽媽並不會幫助你解決問題。」於是孩子可以在我們的幫助之下，知道在什麼樣的界線裡面他是安全的，在什麼樣的界線裡面他不會傷害到對他很重要的人。這種界線對父母也很重要，可以幫助我們沒有困難地去愛孩子。這麼簡單的道理，卻常常在夫妻關係中被忽略。當另一半毫不考慮地批評、貶損、疏忽、做出讓人感覺受傷的事，有沒有什麼方法，可以為彼此設下一條保護性的界線呢？

上述的例子中，當丈夫帶著孩子訕笑妻子的身材時，如果妻子覺得難過，就應該正色說：「你們這樣說，我很難過！」他們也許會在尷尬中不以為意地說：「喔，妳不要那麼小題大做好不好！有那麼嚴重嗎？大家開開玩笑，妳不要破壞氣氛！」好吧，妳可以讓那個電視節目好好地被看完，但事後妳必須找個時間，冷靜地告訴伴侶，如果他老是這樣做，妳會感覺不被欣賞，而妳不希望彼此之間產生這種不好的感覺，這就是一個「設限」的行動。

就像在人際關係中，我們不會容許別人隨便攻擊我們或羞辱我們。如果任憑對方一直在情緒上傷害我們，很難避免自己在某個時刻進行反擊，而這些互相的攻擊就會一點一滴地破壞關係。久了之後我們只覺得跟對方在一起總是劍拔弩張，不然就是悲傷心痛。當他不再是鼓舞妳的人、不再能讓妳肯定自己的價值，無價值感跟不被欣賞的感覺，會讓妳失去生的氣息，這就連結到前幾節中我們談過的，在他的眼中妳會愈來愈無趣。而在妳的眼中，他更無趣，甚至比無趣還糟糕，他已經成為傷害的來源。

伴侶之間，當一個人做出對關係有害的行為，另一個人需要找到方法停止他。這不是一種嚴厲的反擊，而是一種引導，一種為了彼此而設置的保護。關係就像一片需要維護的草地，我們必須溫和地告訴遊客如何愛護草地。請溫和地對待它，不要任意地踐踏。不讓自己被老公踐踏，才能確保自己不會去踐踏老公。其他對關係更有害的行為，例如不忠、欺騙、竊取金錢，或是不溝通、不努力改善關係，就以外遇來解決自己的需求，這些都是常見的傷害關係的行為，另一方不能以無限的隱忍來面對，必須要以開放但堅定的態度，讓對方知道他的行為已經觸及自己維繫這個關係的底線。夫妻之間如果缺乏這種維護功能，愛也很容易消失。

3 停止惡性循環

前一章的說明，用意並不在於解析夫妻關係為什麼變為冷淡，而是試圖指出「夫妻之間戀愛感的消失，往往出乎意料，而且不是努力做什麼就可預防的」。一旦到了這種局面，就會有身陷地獄的感覺，讓人無助地問：「做什麼都沒有辦法好轉嗎？」

這是因為感覺不到配偶的愛但又無法離開時，人們出於本性，會做出一些被拋棄時的典型反應，這些反應和先前的潛在問題共同構成了惡性循環。在惡性循環中愈用力掙扎，只會加劇循環的惡效應，關係不會改善，只會更糟。

如果期望有一天能擺脫婚內失戀的痛苦，一定要懂得停止惡性循環。

3-1

毫不在乎或飢餓的眼神都讓人想逃避

兩人的關係如何，眼神可以洩漏一切。

飢餓的眼神或毫不在意的眼神，都會讓人想逃避。偏偏這就是失去愛的女性最常採用的兩種方法。

一種是整天盯著對方，眼中燃燒著飢餓的慾火，無言地說著給我愛、給我愛，跟我講話，觸碰我……這一定會讓伴侶感到自己無法滿足妳，因為壓力而本能地抗拒（我們指的是在婚內失戀的狀況下，如果兩人感情很好，自然不是問題）。戀愛就是這麼奇怪的東西，當對方的愛停止燃燒的時候，看到妳熊熊的烈火，或是熊熊的要煽火的風，他只會害怕被燒掉。

另一種是因為生氣而不想理睬對方，擺出毫不在乎的樣子，既不想互動，也不想表達自己的需要，這當然也讓人覺得沒有必要接近妳，甚至覺得妳根本就是一堵牆。這種反應其實是因為內心過度受挫而採取了防衛的心態，以下會有更詳細的說明。

想要停止婚內失戀的惡性循環，就從眼神開始調整吧！

3-2 一旦開始用怨婦的口吻說話 關係將愈來愈糟

失去戀愛的感覺，有那麼糟糕嗎？需要改變嗎？

這真的要看人，有些人根本不在乎生活中有沒有戀愛感，有個穩定的家，每天可以看看電視，自己吃不完的東西可以塞到另一個人的胃裡，冬天的時候被子不會那麼冷，要搬重物時有人可以幫忙，地震停電的時候可以互相壯膽，就覺得很好了，甚至還覺得自己比沒結婚的人有優越感。這樣的人，沒有戀愛感真的沒關係，不需要被別人影響而開始懷疑自己的婚姻。

但是，與此不同的，有些人如果沒有戀愛的感覺，就會渾身不對勁，有位女士告訴我，那感覺是「全身細胞都吸不到氧氣，只是不斷地累積廢物」。而另一位女士，一直「找不到言語描述婚姻的痛苦」，有一天帶兩歲小孩去撈魚，小孩問「魚為什麼要放在水裡？」，她不假思索地回答「魚沒有水會死掉」，當下突然頓悟這就是她的婚姻狀況而湧出眼淚。對於這樣感性的人而言，修復關係、汲取需要的愛之氧氣，是生存的必須。

婚內失戀這種問題，絕對不像單身失戀一樣可以快速地解決。那種「看清他不愛妳，勇敢離婚吧」的簡單口號，或許可以一時激勵人心，但並不能解決深層的糾結。我所見的大部分女性，在放棄婚姻之前還是想要盡力嘗試挽回戀愛感。但這事的奧妙在於，能不能喚回愛，取決於智慧、勇氣、耐心、時機以及命運，拚命想要喚回愛卻不諳其道的人，稍一不慎就會變得很像「怨婦」。

我們都很熟悉怨婦的模樣——一臉哀怨，她會說：「你都不想跟我說話嗎」，「你很久沒有正眼看過我」，「為什麼你都不會想找我一起做什麼」，「你最近在忙什麼」，「我都快要不認識你了」。

這些話顯現了對於彼此距離的擔憂，也帶著某種需索的意味，這樣說如果引不出丈夫的回應，就會出現需索意味更強的話語，例如「我難道不是一個稱職的妻子嗎」，「我是你老婆，一個老婆不該得到老公的一些關心嗎」，「你覺得我們這樣還像是夫妻嗎」，「我們多久沒有性生活了」，「你這輩子都不打算再碰我了嗎」，還有一句要箇中之人才能體會的：「你現在為什麼都不用我用過的湯匙？」

為什麼會開始用這樣的口吻說話？我想，這不是任何人自發願意的。被失戀的感覺逼到無奈的境地，就很容易掉入這種角色。一旦開始使用這種口吻，關係就會愈來愈糟。這種態度給人一種「你欠我什麼」的感覺，如果丈夫還有一點人性，對關係還有一點道德責任感，就會感到強烈的壓力。

而人對於壓力的本能反應是逃避。

人對於壓力的本能反應是逃避。

再強調一次：人對於壓力的本能反應是逃避。

需要強調三次，是因為大多數人都不願意認真對待這個事實。對方明明已經躲著你了，你還繼續施予更大的壓力，好像以為自己給的壓力不夠，對方才沒有乖乖回來。

至於那些對婚姻關係沒有道德責任或認同感的丈夫，只覺得家裡的怨婦像隻烏賊，老是要噴墨汁污染他的視覺、聽覺和感覺，他們或許不感到壓力，而是感到厭惡，結果一樣是逃離。視線能不接觸老婆就絕對不要接觸，肉體上也要愈遠愈好。

無論如何，停止惡性循環的第一步就是認清自己的狀態，對伴侶說話前，想像自己面對著一個自拍鏡頭，播出來的影片會是什麼模樣？對著老公的妳，是不是嘴角下垂、露出深深的法令紋？妳的眼神是不是空虛、黑暗、含怨不滿？

愛是一種好的、愉快的感覺，它絕對沒有辦法用黑暗的方式索取。

華人文化中的「女鬼」意象，跟怨婦有相似之處，就是陰氣繚繞。如果想要讓自己活在光明面，一定要覺察自己是不是已經被無愛的婚姻掏空，失去生命之陽，而變成一個空虛的無底的陰的狀態。這比喻或許有點誇張，但許多婚內失戀的人，真的都不知不覺地被變成這樣。生活沒有樂趣，不再照顧自己，任憑自己荒廢。不論是在丈夫或他人的眼中，妳都愈來愈讓人無法接近。

米蘭．昆德拉的小說《生命中不能承受之輕》[2]，女主角特麗莎做了一個夢：

我被埋掉了，給埋了許久許久。你每週來看我一次，每次你都敲敲墳墓，我就出來了。我眼裡都是泥。

你總是說，「妳怎麼會看得見的？」你想把我眼裡的泥擦掉。

我總是說，「我還是看不見，我的眼睛已經成了空洞。」

2.米蘭・昆德拉，《生命中不能承受之輕》（L'INSOUTENABLE LÉGÈRETÉ DE L'ÊTRE），皇冠文化。

後來有一天，你要去長途旅行。我知道你是同另一個女人一起去的。幾個星期過去了，不見你的影子。我害怕同你錯過，就不睡覺了。最後，你又敲著墳墓，但是我整整一個月沒有睡覺了，已經累壞了。我想我是不能再從那裡出來了。我終於又出來的時候，你顯得失望。你說我看來不舒服。我感覺得出，我下塌的兩頰和緊張的姿態使你覺得多麼難看。

我道歉說，「對不起，你走以後我沒闔一眼。」

「是嗎？」你的聲音裡全是裝出來的高興。「妳需要好好休息，需要一個月的假期！」

好像我不知道你想的什麼！一個月假，意味著一個月不願來看我，你有另一個女人。你走了，我又掉進了墳墓。心裡完全明白，我又會有不能睡覺的一個月來等著你。你再來的時候，我會更加醜，你會更加失望。

昆德拉寫著，特麗莎的丈夫「從來沒聽到過比這更慘痛的東西」，「他想，他再也不能承受這種愛了」。

寂寞者的夢魘，如此悲傷的惡性循環。

絕對不能待在墳墓裡等待，一定要想辦法跳出來。擺脫愈來愈像鬼的命運，必須告訴自己：「我要活著。」

「我要像一個活著的人」。

3-3 對或錯的簡化思維讓彼此無法互相了解

彼此之間出現距離之後，很難談感覺，要跟對方表達「我愛你」和「我等著你再愛我」，好像太冒險了，萬一一下就被對方奚落，碎裂的自尊要如何收拾？因此處在這種狀況的人傾向只談「對」或「錯」，這是另一重惡性循環。

試想，對著一個已經不願靠近妳的伴侶說：「你這是對待家人應有的態度嗎？」，「我要求你偶爾跟我相處一下，這樣有錯嗎？」或是「一個月至少也要有一、兩次性生活吧？」，還有更讓人反感的「專家說……」，這種訴諸道理、談論對錯的語言，能夠為失去愛的關係帶來什麼呢？

極度傷心的一方勉力維持著最後的自尊，試著跟另一半討論婚姻的問題，但卻屢次遭到拒絕。羞辱感讓她無法再訴說真誠的感覺，轉而援引大道理，希望藉此說服對方。充滿了「對」、「錯」、「應該」、「不應該」、「難道」的語言，是一種簡化的語言，無法幫助溝通。另一方若不是被激怒，回答「妳這是哪裡的規定」，「書上寫的關我什麼事」或者「妳真的讓人受不了」，不然就是沉默，沉默可能占大多數，因為這種話實在沒有什麼好回答的。愛侶之間不需要談論該做什麼和不該做什麼，到了需要爭論該與不該的時候，表示那種自願愛護對方的動機已經消失了。

試圖用說教的方式恢復兩人的互動，通常只是開啟惡性循環，並且讓對方更無法回應。在這樣的狀態下，彼此絕對不會更加了解，那個不斷地被質問「為什麼不做對的事」、「為什麼要做錯的事」、「為什麼這麼過分」的人，只會愈來愈覺得「難怪我不想跟她相處」，也愈來愈沒有意願去了解妻子的感受。

如前所述，愛情消失的原因很多，想要了解必須經過多層的重新認識，有時甚至要和無意識打交道。兩個人之間的牆，不可能是一個人築起來的，通常兩個人都有貢獻，要打開這道牆，探勘彼此真正的想法，需要很多進退的空間，也需要很深的信任，如果帶著很強的對與錯的判斷，就等於告訴對方「你什麼都不用說」，也是有意無意地在表達「我並沒有準備要了解你真正的想法」。

佩琦與建昇

發現建昇外遇之後，佩琦問：「你犯了這麼可怕的錯，現在應該要結束一切，好好地回家吧？」建昇說是的。

但事件落幕之後，建昇一直很冷淡。佩琦說：「犯了那種錯，你有什麼資格用這種態度對我，你難道不該盡力地來修復我受的傷嗎？」建昇總是不說話。當佩琦多次激動地重複這些話，建昇也激動地說：「對！我是罪人！這樣可以嗎？」接下來，他按照佩琦的要求，每天報告行蹤、下班時間都待在家裡，但是他待在家裡時都處於槁木死灰的狀態，佩琦說：「他擺爛，人在、心不在，肉體在、靈魂不在。我完全不知道他在想什麼。」

心理治療師建議她邀請建昇說出對於外遇的想法，佩琦說：「無論我怎麼要他說，他都不願意說。」之後他們開始婚姻諮商，治療師發現佩琦所謂的邀請，是這樣說的：「你爲什麼會犯下這麼可怕的錯？」接到這樣的問句，建昇如何表達自己的主觀經歷呢？

當佩琦用對與錯的方式發問時，她其實非常害怕聽見丈夫眞實的想法，戴著對錯這樣一頂大帽子，表面上在邀請丈夫溝通，事實上卻在防止丈夫說出她不敢面對的事。

萬一丈夫說出他與外遇對象的感情，萬一丈夫說出對她失去感覺了，該怎麼辦？

經過許多努力，佩琦才慢慢建立了聽建昇表達想法的勇氣，她試著放下預設對錯的說話方式，建昇也表達了在過去二十年的婚姻中，他常常感到自己並不屬於這個家，例如每年的寒暑假，佩琦總會跟小孩規劃好去哪裡旅行，都已經跟旅行社訂好了，才告訴他今年要去哪裡。建昇說，他覺得自己只是佩琦完美人生劇本中的一個棋子。

佩琦：「我一直以爲你不覺得事情由我決定有什麼不好，你爲什麼不告訴我你心裡的不舒服呢？你怎麼可以都沒有表達，就用外遇來懲罰我呢？」

建昇：「也許我缺乏了那種表達的能力吧。」

這對夫妻之間，丈夫個性比較溫吞，不擅溝通表達，遇到問題就擱著，很多事情都由太太承擔。但這並不表示他沒有情緒，每當有不受重視的感覺出現時，他只任憑它不斷地累積。他們在治療中看到這個問題，了解婚姻危機並不是單方面的錯，而是他們失去了一種互相維繫、幫助對方滿足自己這樣的功能。拋開對錯議論，開啟新的了解之後，他們得以停止指責與逃避的惡性循環，尋求新的相處之道。

3-4 虛假討好只會讓自己更被忽略

感覺另一半愈來愈冷淡時，不同個性的人會有不同的反應模式。在性格上屬於焦慮型依附的人，常會出現討好的行為，對方愈是遠離，這類個性的人愈是緊追。明明對丈夫非常憤怒，卻能在一瞬間把憤怒藏起來，用更多的笑容為對方做更多的服務，希望藉此維繫彼此的連結。

佳安

前晚佳安與丈夫又吵架。老問題，他回家的時間太晚，也不交代去了哪裡。

早上起來，丈夫已經坐在客廳看報紙。她經過他面前，說了聲早，他連理都沒理。

每次吵架都是這樣。心裡的警鈴轟轟作響：「問題眞的很大，這個人爲什麼要這樣對我？難道我往後一輩子都要這樣過嗎？」她覺得難以忍受，她一定要做點什麼。

她能做什麼呢？

她走進廚房，打開冰箱，拿出兩個蘋果，那是丈夫最喜歡的水果。她開始削蘋果、打果汁，倒進乾淨的玻璃杯，插上了吸管，端到客廳，笑容滿面地說：「給你打了果汁。」丈夫的眼睛沒有離開報紙，接過果汁，若有似無地點了點頭。

看著他的反應，佳安心中累積了更多憤怒：「我那麼生氣，不但沒有指責你，沒有製造爭吵，還爲你做了些好事，我已經對你示好了，你竟然還是沒有回應！」

但這位丈夫看到什麼呢？

如果他知道妻子心裡是憤怒又痛苦的，但妻子卻擺出了笑容，還做了一些討好他的事，他可能不知道該選擇跟妻子的哪一種情緒相處。基於怕麻煩的習慣，他當然會選擇相信妻子沒事，她還能笑、還能打果汁給他，那何必要處理呢？他可以繼續忽略妻子的憤怒或痛苦，習慣著她的討好。

但佳安這方的討好並非眞心所願，它是一種害怕失去愛、強迫自己討好別人的習慣。既是強迫，那不是眞實，而是一種虛假，用來掩飾內心的焦慮。這些作爲會讓眞正的問題更被忽略。有人以爲討好丈夫是一種策略，但如果是違心的，那就是一種很糟的策略。

太太們常說：「我不想失去這個婚姻，所以雖然心裡唾棄他到極點，仍然必須好好地演下去。」接著治療師往往會說：「這樣演下去，有意義嗎？」太太們悲痛地說：「外面的女人都很會演（她的丈夫曾有個外面的女人），我何必要真實呢？」，「男人就喜歡女人甜言蜜語、逢迎諂媚，我也會演！」

這樣演下去，到底能夠獲得什麼？憤怒累積愈來愈多，終於到了無法消化的程度，最後排山倒海而來的是對丈夫的攻擊，此時想要毀滅生活共同體的衝動會非常強烈。這恐怕不只是惡性循環，而是惡性倒塌的前兆了。

如果關係需要挽救，有很多方式可以嘗試，但絕對不要虛假地討好。

3-5 防衛的反應製造更多誤會

除了虛假討好之外，另一種典型的反應是採取防衛。

這可以從嬰兒的本能來說明：當一個嬰兒迫切地需要照顧者的關愛，也就是大人提供的照顧不穩定或匱乏之時，有些嬰兒會不斷地嘗試呼叫，試圖爭取照顧者的注意，但有些嬰兒卻因為多次的挫折與絕望，陷入一種不想跟照顧者連結的狀態。

前一節中描述的是愈感覺失去愛就愈討好的人，這裡說明的則是另外一種極端的性格：即便一開始嘗試討好，也很快就覺得沒有意義而停止，甚至一開始就因為挫折感，為了保護自尊而採取「防衛的態度」——為了壓過「我被他拒絕」的挫敗感，誇張地表現出「其實是我拒絕他」的樣子。內心感覺被對方拋棄，期望著對方的愛，表現出來的樣子卻是不想理睬對方。眼神的規避、生活的隔離⋯⋯「他過他的日子，因為我不讓他靠近。」看起來像是妻子開始拒絕丈夫，但其實妻子會這麼做，一開始是因為感受到丈夫的忽略。在缺乏溝通的狀況下，久而久之，丈夫和妻子都相信這個共構的版本：是妻子拒絕著丈夫。

治療師嘗試協助處於這種狀態的夫妻時，常常會感到困惑，看不清到底是誰開始疏遠誰，誰在拒絕誰。必須細心而敏銳地觀察，才能看懂其實是一方因為得不到想要的關注，轉而採取防衛，另一方便順勢地變成被拒絕者，反正他本來就不想親近。

為什麼要防衛？最簡單的作用就是：如果我不需要你，我就不會被你的冷落傷害。

防衛造成兩人之間距離愈遠，這也是婚內失戀常見的惡性循環。有時丈夫雖然在夫妻的層面態度冷淡，在家人關係的層面上，他還是願意維持和諧，但妻子卻全面拉起防衛，連僅有的一重家人關係也破壞了。這常會造成妻子更加孤立的感覺，因為其他的家人（最常見的就是孩子）只看到她不合理的態度，看不到她內心的傷痛。看到媽媽老是充滿敵意地拒斥爸爸，不明就裡的孩子往往會認為父母關係不好是母親的錯，因此對母親不滿。

即便感覺丈夫無理地對待我們，也必須把持自己，不要挾怨報復，不然自己就會變成孩子眼中無理的人。這是身為母親的妻子的難處啊！既不能虛假討好，又不要過度防衛，妻子們需要高度的自我覺察和自信，還要願意自己照顧自己。

很多妻子都說：「我早就是自己照顧自己了！」從丈夫那裡得不到關心、得不到熱情、得不到愛，覺得這丈夫對我的人生真是一點幫助也沒有，既然什麼我都得自己來，我何必給他好臉色呢？

還有這種感受的話，表示自我照顧的心態還不夠成熟。放下期待，告訴自己：丈夫本來就沒有對我好的義務。去除被虧欠感，跳出想要反擊報復的陷阱吧！

3-6

外面的人只是那根稻草

覺得丈夫不再愛自己的女人，常聚焦於猜疑：他是不是外面有人？

「我很想知道他外面有沒有別的女人。一個男人怎麼可能這麼久都沒有性需求呢？他幾乎從來不主動找我，就算是我主動，他也是推三阻四的。」

「人難道都沒有聊天的需求嗎？他都在跟誰聊天呢？」

「人總要有一點休閒活動吧，他都不會想找我去哪裡玩，做些運動啊、踏青什麼的，他應該是上班時間偷溜或用我不知道的時間帶誰去玩了吧？」

心中有著這些疑問的人，偷偷地花了很多時間觀察或調查另一半。拜科技之賜，現在的追蹤方法更為複雜，從早期只能打辦公室電話、逼逼扣，到現在要求手機要開視訊，甚至還有衛星定位的儀器，或要求老公不可以關掉行車記錄器等等……諮商客戶教我的，還有更細節的，例如監督汽車的里程數、如何從發票中看出蹊蹺……實在有太多可以追蹤的。

不過，花了這麼多工夫，大部分都不能追出什麼答案。不斷猜測、偵探另一半有沒有別人，多半只是讓自己有個施力點，因為無愛的婚姻實在讓人徹底無力。

張太太：「如果確定他外面沒有人，那我可以接受老夫老妻生活就如此，其實也不是不能過，愛情不是必需品，性生活沒有也不會死，聊天找朋友就可以了！」

治療師：「那如果他外面有人，有什麼不同嗎？」

張太太：「那當然不同！如果他還有談戀愛的力氣，爲什麼不給我？那我就不能忍受這種日子了！」

這微妙的反應，隱含什麼樣的心思呢？

沒有辦法確認現在的關係合不合理，沒有辦法決定我要或不要這種沒有愛的生活，所以想拐個彎，如果對方像是一個給不出愛的人，確定他也沒有給別的女人，那就接受精神上的挨餓吧！如果他竟然可以給別人愛，那麼就絕對要奮戰到底，把愛搶回來（其實，多半只是把那個能夠激起丈夫愛意的女人趕走而已）。萬一真抓到外面有人，雖然悲傷，卻會燃起一絲希望——「我們關係不好一定是外面那女人害的，解決掉她，婚姻就會恢復正常吧！」這是所謂「破壞家庭」的概念受歡迎的原因吧（當年到底是誰發明這個名詞的）！

用心思考出軌始末的人，往往會有不同的了悟。所謂第三者，如果是短暫的火花，大多是老公喜愛風花雪月、性格軟弱或自制力低下。所有第三者之中，只有少部分可以動搖到別人本來體質不錯的婚姻，大部分見光之後就很難延續，能夠「破壞家庭」的真的沒有那麼多，不然也不會有那麼多小三悲歌。外遇事件會嚴重威脅婚姻的，例如老公遲遲不願跟第三者分開，或者老公持續對小三很好，卻對老婆惡言相向，甚至擺明了說「我不可能放棄她」……通常這種男人跟老婆的婚姻本來就有問題。歸納起來，如果婚姻體質不差，小三最終是可以趕跑的（有空再去趕就好了）；如果婚姻體質差，那麼趕走一個小三可能還有下一個，就算都沒有別人，老公也不會回頭親近，因此實在不值得花那麼多力氣追查。不要緊的外遇是偶然，要緊的外遇是壓垮婚姻的那一根稻草。別忘了，稻草會壓垮駱駝，是因為駱駝本身扛的東西已經太重了！以婚姻來說，就是本身的結構已經出問題了。

情慾是考驗人性的一場地震，正常的婚姻建築應該可以在搖晃之後好好地存在著。不少當過第三者的，都是這樣描述自己的覺悟：「雖然他口口聲聲說愛我，但是在偶然的機會下，我驚訝地發現（崩潰地發現）他跟老婆其實關係挺好的！」如果夫妻之間沒有太大的問題，外遇被發現時，通常就會分手解決。雖然婚姻會累積一堆骯髒的東西，假以時日還是可清理得掉，恢復良好的關係。如果是因為婚姻關係不好，兩人之間無法彼此滿足，其中一方（或是兩方）向外尋求溫暖，這種情況下，就算除去了外面的狀況，兩個人的關係也不見得會變好。如果婚姻已經是乾涸的池塘，魚當然會往外跳，想到別處濡濕身體，妳忿忿不平地把他抓回來，他不是拚命再跳出去，就是要死不死地待著。

花費無數心力追蹤小三，或是追蹤根本不存在的、幻想中的小三，豈不是浪費自己的生命嗎？沒有愛的婚姻對生命已經很磨損了，還要學做偵探，是不是很悲哀呢？

認清一個事實，婚姻中沒有愛就是沒有愛，問妳自己就可以確定，不需要找到第三者才可以確定。幻想消滅了對手、消滅了混亂的製造者，就可以重回愛的天堂……執著於這樣的想法，萬一丈夫其實沒有第三者，妳那種疑神疑鬼的模樣、假訊號引起的焦慮，也會讓兩人的關係更加緊張。緊盯對方、擔心他有沒有外遇，會讓男人更輕視妳。

某丈夫說：「她只關心我有沒有在辦公室裡，她打視訊電話來，一看到我在辦公室就準備掛了，根本沒有要找我說什麼。她關心我的外遇勝過於關心我。」

失去愛的時候，當然會想要奮力一搏，但如果押錯賭注，可能連本來擁有的都失去。

很多人誤以為，如果老公沒有外遇，那我不管怎樣追蹤都不會讓他有不愉快，只有心裡有鬼的人才會生氣。在婚姻諮商的工作中，我發現並非如此，有很多男性對於太太查行蹤、把自己當賊的惡劣態度非常反感，覺得自己不是真的被在乎，而是像婚姻的囚犯。因為人對於被盤問本來就有反感，所以想從老公被查勤時的反應推敲他有沒有小三，常常是無效的。

長期雇用徵信社追蹤丈夫的某太太，幾乎可以確認他並沒有外遇。她陷入沮喪。她說：「本來以為丈夫是因為愛上別的女人所以不再愛我，現在看起來，他的世界沒有任何別的女人，但他仍然不願愛我。」

到底哪樣比較慘？因為有更可愛的女人所以不愛妳，以及，即使世界沒有別的女人，還是不願意愛妳？

還是關注自己真正的感覺吧！如果沒有愛，試著尋求出路、尋求生機，只想著揪出敵手加以消滅，是無法解決問題的。

以上我們試著舉出一些已經失戀之後會讓關係繼續惡化的一些無效嘗試，那麼接下來我們該好好地思考，既然已經到了這步田地，能做的是什麼？

4 追尋他的背影或轉過來看自己

婚內失戀者最常問的是：「如何贏回他的心？」

進行心理治療時，我常發現這些女性不太有興趣談論自己，需要經過漫長的努力，才能鼓勵她們把關注放回自己身上。接著她們又免不了問另外一個問題：「前天他又不說去哪裡就直接出門……我努力了這麼久，現在竟然還會因為他的行為而難過，我對這樣的自己非常失望。」

其實這是必經的階段，因為婚姻仍然存在，一定會持續面臨要不要努力修復關係的抉擇。如果非常努力卻一直得不到回應，當然會很惱怒，但如果不繼續努力，視為準離婚狀態而過著自己的生活，又會懷疑自己是否太輕易放棄？處於這種自我質疑的關卡，必須了解這兩端的拉扯一定會存在。兩端中間，哪裡才是適合自己的平衡點？這就需要深入的心理探索以及誠實的自我觀察，甚至要做很多實驗，才能找到屬於妳自己那個獨特的平衡點。

關於要不要繼續努力修復關係，首先可以試著評估自己與伴侶的互動。例如，表達一點對於彼此關係的感受或期許，看看對方的回應如何。如同前面提到的，感情冰凍的婚姻寒窯，每一樁都有它獨特的歷史和不可思議的原因，另一半會如何回應我們表達的感受，也只有試了才知道。對方可能給一些回應，甚至願意做一些調整，當然對方也可能給很不好的回應，例如「我不想聽這些」，也有丈夫無情地回答「妳再繼續這樣找麻煩，我乾脆不要回來了」。回應好的話，就可以一點一點地深入溝通。

不過，如果回應不好，難道就要停止溝通嗎？這裡又出現一個需要檢視的環節，如果每次表達感受，對方的回應都很不好，有可能是表達方式出了問題。也就是說，表達對於婚姻的感受時，妳可能落入了一些心理上的陷阱，受到某些心理因素的干擾而不自知。兩人關係已經變得緊張或冷淡時，如果要表達感受和期待，有幾個基本的原則：坦承需要、避免指責、不談道義與責任。

這是簡單卻極為有效的原則。

接下來，我們可以仔細探討如何進行有效的溝通。

4-1 檢視溝通的可能

婚內失戀的案主常自述「我說出來的話總是無法得到他的回應」，常見的問題有以下幾種：

（一）無法說出對愛的需求

「我不斷地尋找有什麼文字、什麼詞語可以形容我的感受，但是我說出來的話都不到位。」很多人認為真正的感受是無言可述的，能說出來的都不是最真切的，這種觀念害慘了許多夫妻。試圖與冷淡的伴侶溝通時，唯有直接說出：「請關注我，我需要你的愛。」才有可能跟對方重啟連結——不管是恢復舊有的連結或建立新的連結，都需要這種直接表達需要的誠意和勇氣，可是一個長期被冷落的人很難這樣說。心裡想的是：「今天晚上我想跟你一起吃飯。」說出來的話卻是：「又不回來吃飯？你把家裡當旅館嗎？」或是「你有沒有關心過我吃什麼？」帶著敵意的話語把人推得更遠，說這些話的人內心卻呼求著愛。

如果妳認為自己已經嘗試跟伴侶溝通，他卻沒有善意的回應，不妨檢查一下自己溝通的方式。例如，說出以上話語的太太們都說：「有啊，我有跟他表達希望跟他一起吃飯，希望他多待在家，但是他都不願意。」進一步探討她是怎麼說的，便會發現真正的情感並沒有被表達出來。

如果妳習慣說這類出於防衛而帶刺的話，那麼，丈夫的回應不好，不見得代表你們之間已經沒有希望了。試著直接表達妳仍然期待著他，妳仍然需要他的愛，就算他沒有同樣的意願，也不致惡言相向，持續這樣的柔軟態度一段時間，如果伴侶還有一點對妳的感情，就會感受到妳的存在和妳的邀請。

（二）指責的口吻

不論溝通的立意為何，指責的口吻容易導致配偶抗拒。

長期感受不到丈夫關愛是非常寂寞的境遇，妻子不免懷疑自己的價值，就算表面上不承認，可是在內心深處，多少都有些焦慮：我是不是哪裡不好？年老色衰？失去趣味？加上伴侶間的爭執，妻子感到被貶低、被指責、被拒絕的羞辱讓人覺得自己似乎不值得被愛。

雖然很用力地抗拒這些想法，在試圖溝通的時候，內心卻不安地認為「我不能直接要求愛」、「我不能直接要求更好的對待」、「如果直接要求一定會被拒絕」……如果內心有這種自我懷疑，說話就無法直接，而會搬出很多大道理，例如：「你可以討厭我，但不能用這種態度對待家人」，或是「我做錯了什麼嗎？如果我是一個盡責的妻子，你也應該盡你的本分」。這類話語得不到丈夫好的回應，是可想而知的，實在不能就此定論跟丈夫「不管怎麼溝通都沒有用」。藏在大道理之下的，其實是妻子的自我懷疑、被傷害的自尊，以及被拋棄的恐懼，這種溝通方式無法讓對方聽見妳的脆弱和期待，他只會把妳等同於那些堅硬沉重討厭的道理。如果關係已經有了裂痕，這樣說話只會讓裂痕愈來愈大。

如同第一點所說明的，溝通的時候務必坦承自己的期望，而期望需要以一種個人的方式來表達，千萬避免把它概論化。例如，妳可以說「我很懷念以前跟你一起逛街、看電影，我想要再一起跟你逛街、看電影」，而不要說「夫妻應該要有一些共處的時光，你這樣子根本不是一個讓婚姻持續下去的做法」。

或許這份期待有點特別，但我的確是如此期待著你。這不是你非做不可的，也沒有人規定這樣做才對，但我是這樣期待著、邀請著你——試著用自己熟悉的話語，坦然表達如此的誠意吧！

（三）無法標示底線

有些伴侶長期陷在惡性循環中，互相攻擊與反擊的結果，兩人的互動會到了一般人難以置信的殘酷的程度。到了這種階段，如果想要開始溝通，必須能夠精準地描述對方做了什麼過分的事，但是請注意！這種描述，重點在於標示自己承受的底線，而不是說教。前面已經說明，對丈夫說「你這

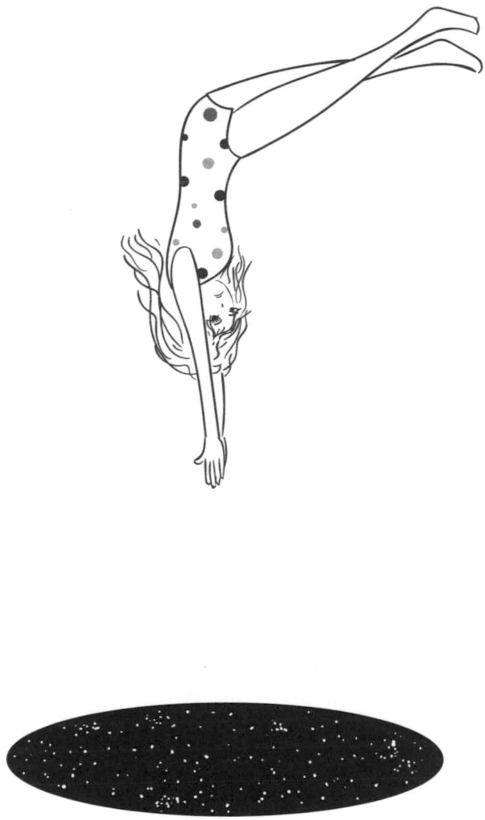

樣做不對」是無效的、不良的溝通，所謂「過分」，並不是基於空泛的大道理，而是個人的、感受取向的，明白地點出妳感受到的惡意。這裡指的並不是真正有肢體暴力的伴侶，我想那需要另為專書討論。這裡所指的，是感受上的攻擊，如果丈夫的態度非常離譜，妳必須很冷靜地描述妳感受到他的敵意了。這就像是，一個小孩可能任性地伸手抓人，父母必須握住他的手，冷靜地告訴他：「你把我抓傷了。不可以再抓我了。」

對應到夫妻之間，例如第一章提到的陳太太，丈夫在同一個公司工作，午餐時分在電梯中遇到，丈夫竟然對太太說：「我不想跟妳一起吃飯。」如果這已經是長期的問題，嚴重影響太太的情緒，陳太太應該找個機會清楚地表達：「你拒絕我一起去吃午餐的口氣，好像我是個討厭的人，這非常困擾我，我不知該如何與你相處。」這是誠實而坦白的描述，但很多人不習慣如此描繪自己的感受，害怕激起對方更無情的回應。實際看到的例子當中，坦白而準確地描繪互動，有助於溝通。如果對方是無心的，多半會警覺自己行為的尺度，大部分的案例都說，在這樣的表達之後，對方會變得比較合理或尊重一點。如果對方心裡的確打結，有意表現敵意，那麼再也沒有比指出「你的敵意我感受到了」更有意義的溝通了。挑釁的行為被客觀地指出，雙方才可能進一步溝通「為什麼要這樣」以及「接下來我們該如何相處」。

如果不敢描述真正的感受，又消化不了情緒，嘗試溝通時就會拐彎抹角或者指桑罵槐，說出像是「你急著要跟誰吃飯吧」或是「林太太老是抱怨她先生整天黏著她，真是不知足」，這些回應常是逃避正面溝通的策略，而對方下次出手往往會更過分。邱太太的情況就是一例：丈夫外遇曝光之後，仍然常想自己去出差，太太無法不感到不安，希望丈夫出差時都能讓她陪同，丈夫非常憤怒地說：「因為我犯過一次錯，就要像犯人一樣失去自由嗎？」這話讓太太卻步，她不敢再跟丈夫溝通，可是每次丈夫出差，她都因為擔心、懷疑而無法休息，等到丈夫回來，她總是很煩躁，容易發脾氣，於是兩人又是爭吵不斷。好不容易等到和好的時候，丈夫又要出差了。經過很多諮商工作，太太勇敢地抛開是非對錯的防衛性思維，誠懇地告訴丈夫：「目前我還沒辦法擺脫我的不安，只要你一出差，我就會擔心。我想請你讓我一起去，我並不覺得是在監督一個罪犯，而是我真的很害怕你不在的晚上，我會不斷想像別人擁著你的畫面，我想要努力克服這些東西。如果可以不要處於重複的擔憂中，對我應該很有幫助，所以我才會想跟你出差。如果你能了解，我會更有勇氣去克服這些困難。」

這番話似乎就是平鋪直敘，但她卻需要經過很多很多的努力，才能這樣說。因為她對丈夫失去了信任，打從心裡不相信先生會給她好的回應，所以之前的溝通都採取扭曲的方式，例如：「你要去上海出差？真巧我剛好想去那裡找朋友。」或是：「你不喜歡我跟你出差，那就不要外遇。這是你自己導致的結果，怨不得我。如果你沒有做那種事，你今天就可以快快樂樂地自己去出差。」丈夫不管是什麼心態，光聽到這些瞎扯的理由（才不相信妳剛好要找朋友）和沒完沒了的論罪，就會想反抗吧！

4-2 克服自我的恐懼

總結以上三點，評估夫妻還有沒有希望溝通之前，必須先檢視自己說話的方式是不是有效。有效的說話，靠的不是強勢或道理，而是真實與準確，不過並非每個人都能真實與準確地看清自己所處的局勢和感受，尤其是婚內失戀這種危及自尊的狀態，就算看清，要客觀冷靜地述說，一字一句恐怕是心如刀割，絕對需要努力和勇氣！

以下是面對自己的恐懼的一個例子：

謝太太，每次想討論關係的問題，先生就會說：「妳那麼不滿意，那離婚好了！」她一直無法進一步溝通。在心理治療中，她處理了自我懷疑的問題以及無法正視的憤怒。一段時間之後，當先生再度拒絕溝通，她發現自己的回應不同了：「每當我提出一些想法的時候，你就說要離婚，這樣會堵住我的嘴，因為我不想離婚、不想失去你。你這樣說，不讓我們有機會討論如何相處，我覺得你用離婚在威脅我只能接受現況。」

她以為說完這話，關係就要完蛋了，先生一定會大喊要離婚。沒有想到當她冷靜地說完，先生不發一語，過了幾天，先生主動找她說話：「妳自己也說過離婚的事情，在吵架衝動的時候，不是只有我說過離婚，為什麼我說離婚的時候妳就要那麼認真，說我在威脅妳呢？」她看著先生，決定不再反擊。她說：「我很高興你這樣說，知道你講的離婚也是氣話，讓我鬆了一口氣，因為我並不想跟你離婚。」要做到這樣真的需要很大的勇氣！在團體治療中，其他學員聽到謝太太的分享後，驚訝地說：「妳怎麼可以這麼坦白地告訴他妳不想離婚、妳還想跟他在一起？這樣就掀了自己的底牌，他就不怕妳了！」學員們進行了熱烈的討論，其實戰術、策略、假裝這些東西，都逃不過伴侶敏銳的觀察，妳說的話是真誠的，婚姻也許還有希望，如果真的沒有希望，也能好好分手。如果妳說的話不真誠，鴻溝只會愈來愈大。請記得：我們以為的感受，不一定是真實的感受。我們需要對自己做功課，認識自己的恐懼、尊嚴、好勝，以及各種會自欺的心理防衛，才有能力對伴侶只說真誠的話。

好的，說到這裡，別忘了我們為什麼在談這個問題：這一章開頭，我們的問題是：到底要繼續努力、繼續期待他，還是乾脆放棄，過自己的生活就好了？

4-3 培養獨立的能力

經過以上討論，讀者可以想像，如果妳還有力氣，就努力吧！如果妳覺得非常疲憊，沒有意願再為婚姻想這麼多、做這麼多，那麼妳應該先把僅有的力氣用於修復自己！

坦承需要、避免指責、描述真實感受，將有助於溝通，能夠再次開啟溝通，才有機會互相尊重。接下來，就要面對在溝通中浮現的真相，兩人到底能不能繼續在生活中合作，婚姻會變成如何？

不面對這些，就無法改變婚內失戀的人生，要面對這些，需要另一項能力：獨立。

獨立生活的能力並不是指一個人搬出去住的能力，而是能夠以一個健康的人的姿態處理生活的能力。

一個能夠獨立的人表達「我需要你的愛」，給人的感覺是示好，是邀請；一個無法獨立的人表達需要時，給人的感覺不是示好，而是乞討，或是勒索，是「你不愛我，我就活不下去」的姿態。

如果自己暫時無法處理互動的問題，例如，內心有某種情結或過去的心理傷痕，需要長程的探索與修復，那麼不妨暫時放下溝通的急切欲望，專心培養自己獨立的能力，目標是更能接納自己的真貌，那時就會有能力進行打破僵局的溝通。

4-4

只有樂意不樂意　沒有付出不付出

「我的問題不是無法獨立，是無法決定該不該繼續為這婚姻付出？」這是另一個常被提出的問題。

我想這個問題也沒有標準答案，我的建議是：繼續付出之前，請誠實面對自己的動機。

「他對我不理不睬，我很傷心，但我還是每天幫他做早餐，我還是很樂意為他做事。」這真是耐人尋味——當丈夫對妳不理不睬、讓妳感覺傷心，是什麼原因讓妳「還是很樂意為他做事」呢？

事情真的這麼簡單，就因為妳還愛著他、他還值得妳愛、他是一個很棒的人嗎？

人的心理非常複雜，這種可能性不是沒有，但更常見的心態其實是抱著希望，以為繼續做下去最終還是能得到他的回饋，或是還能為他做事就代表自己仍然擁有妻子的位子吧！不被看見的人有時候會更努力地想要被看見，感覺對方虧欠自己卻沒有辦法要到回饋，那麼就繼續做下去，直到自己忍不住去跟對方理論那一天。有位太太這樣說：「我把我份內的每件事都做好，三餐都讓你吃得飽飽的、衣服也燙得筆挺，有一天我需要跟你算帳的時候，我要讓你挑不到我的一點錯。」這種付出會不會讓人感到害怕呢——既然你欠我錢，我就讓你欠更多，欠到更多之後，有一天我會理直氣壯地跟你討回來，那時候我將不會有一絲不安？

這種「付出」，其實是在加重關係的失衡，讓內心積壓的怨恨更深。妳可能是在催眠自己，認為自己還能為他做事，婚姻就很正常，或者這是一種被動的攻擊，還是自虐式的反應，總之是要對方更像忘恩負義的壞人。

我們必須認識自己對待自己與對待他人的動機。如果妳是一個自尊受傷的人，那麼愈被忽略，妳會愈放不下，這種心理狀態下的「付出」常讓對方感到「必須愧疚」而抗拒，如果他感覺到妳在自虐或被動攻擊，就會更無情地讓妳繼續做更多，然後繼續不回應。既然這一切都是妳自己要做的，他盡可說服自己不用負責。如果妳不是不求回報，而是做了很多之後要求對方回饋，那就是強迫推銷和勒索了。

極端自卑或自戀的人受傷時，可能表現出過度追逐或過度自我保護的行為，我們需要認識自己在這方面的特性，才能理智地決定要做什麼或不做什麼。

當一切行為都出於真正的樂意，付出的概念就消失了。

為了追逐而做的，為了自我保護而不做的，都不是真正的樂意。這兩種極端行為反映的都是對於關係的恐懼，害怕自己被否定。如果能培養穩定的自信，看待關係的時候就會很清楚地知道自己到底還想不想做些什麼。

如果妳真的還想為伴侶做些好事，當然可以繼續做，不需要因為這樣而覺得軟弱或丟臉。有好幾位太太告訴過我，現代流行的女性自主的言論，讓她們覺得在婚姻中努力著的自己很窩囊、很丟臉。我對這一點的看法是，忠於自己的感覺，敢於追尋自己覺得值得追尋的事，才是真正的自主。沒有人可以替妳決定妳該不該離婚、該不該繼續期待丈夫的愛，如果能夠勇敢地、誠實地面對自己，也許留在婚姻中努力的人自主的程度，還超過一個因為自尊心而出走的人。但如果妳是因為害怕而留在被惡劣對待的婚姻中，當作一個避風港，不相信自己值得更好的人生，那麼妳可能真的需要多看看自主的女性典範。

「那，我就忘了我有老公，專心去過自己的日子嗎？」

什麼是「自己的日子」？例如，妳試著自己去旅行，旅途中妳可以忘卻跟老公之間的拉扯，自在地享受嗎？如果可以，那當然非常好，如果妳滿腦子想著「他有沒有找我」、「他應該感覺到我不在家的差別了吧」，牽掛著他有沒有藉機去找別人，為了賭氣、為了要做給他看「我也可以沒有你……」，這與其說是過自己的日子，不如說是假裝有所謂「自己的日子」而希望老公覺悟，這不是不在乎，而是更用力地跟他拉扯。

真正能夠照顧自己的人，知道當伴侶可以親近的時候就享受親密，當親密關係不在的時候，就享受一個人的自由，其間的轉換是自在的，沒有包袱也沒有一定的規則。

當妻子想著「我很久沒有自己一個人出去，這樣簡直是被他看扁了」，為了示威而做的自我照顧，是假的獨立，對自己沒有幫助，對婚姻也不會有幫助，頂多只是獨處的小品練習而已。

婚內失戀，各種關於如何往前走的問題，答案都在於自己。為了尋求適合自己的解答，途徑都是一樣的，那就是必須把思考的重點移回自己身上，與其再問「他為什麼會這樣」，不如問「我為什麼會這樣」、「我為什麼要這個，我為什麼不要那個」。

如果能常常這樣問，就會發現很多問題都和原本想的不一樣，也才有機會開始自我療癒的旅程，逐漸得到安頓。

5 重修婚姻學分

開始面對婚內失戀，與伴侶重啟溝通，有機會說出並且聽見對於關係的真正想法。無論接下來是要針對問題調整而繼續生活，或是要拆夥，或有朝一日遇見新的伴侶，都會希望不再重蹈覆轍，能夠重新建立良好的關係，這就需要更多智慧。

親密關係能否延續，不只取決於個性。很多夫妻一開始就知道彼此個性不同，但仍能相處愉快，所謂志同道合，有共同目標時就能合，而時間久了感情變淡、關係變差，關鍵通常不只是個性（雖然到這步田地時大家都會說是個性不合），而是因為聯合兩人的「志」分歧了。本章探討婚姻中最基本的心志關係，也就是婚姻的心理學，這是一門必修學分。

5-1

婚姻生活的協定

一堂「婚姻學」的演講正開始，台上的講師詢問台下的人：你們需要台下有一點燈光嗎？這就是一個經營「關係」的例子。從各自生活變成兩方共處的時候，一方太亮，另外一方就會相對感覺到黯淡，雙方要取得一個平衡。

一個人生活，不管有什麼期望，只要有意志力要做，都可以朝目標前進。可是兩個人在一起的時候，事情非常不同。婚姻諮商中最常聽見的是夫妻對於共同生活的方式懷有不滿，彷彿沒有開會得到同意，就開始生活，缺乏一種伴侶生活的協定。其實開始一個共同的生活，需要協定的事很多。

日常習慣的協調

比方說日常生活、日常習慣，夫妻的習慣是相容或相斥，連續劇裡最喜歡演的就是刷牙，牙膏從後面擠還是從中間擠……讀者是否覺得這個問題微不足道，一點都不值得吵架？我曾經詢問來聽演講的數百名聽眾，有多少曾因牙膏要從中間擠或後面擠而需要與伴侶溝通的？結果，舉手的人只有三分之一。我好奇地問，所以其他人都是天作之合，都沒有問題嗎？結果有人告訴我：「我們不是吵牙膏怎麼擠，是吵牙刷頭要朝上或朝下放。」一然後我見識到夫妻間為了刷牙這件事，需要協調的可多了！從擠牙膏、牙刷放置，到老公混用牙刷，老婆不喜歡被混到；漱口時要彎多低，水沫才不會濺得四處都是；還有漱口杯要如何洗，向上放或向下放；發霉時要洗一洗還是買新的；平日牙膏存貨應該存多少……什麼都有人吵過！

另一件瑣事，洗碗，也是很好的例子。很多女性說，她不喜歡碗筷放在水槽裡到隔天，但是自己做完菜很累，想要休息，想想我已經辛苦做飯了，不應該再由我來洗碗，這時候應該要換蹺腳看電視那個人來洗碗吧！那個人同意由他來洗，但他現在也想休息，晚一點或隔天洗吧。太太一定要先生立刻洗，先生說放著我會洗，太太開始不高興，覺得先生只是洗個碗就不甘不願推三阻四，明知我受不了碗留到明天，分明是逼我自己洗……然後太太就一邊洗一邊唸，內斂的先生閉嘴繼續看電視，火爆的先生就回嘴：「我又沒說不洗，妳簡直莫名其妙。」然後太太可能就哭了……然後這個夜晚的氣氛就報銷了。

是不是很熟悉呢？

空間的切割與共享

兩個人生活，空間該如何切割，也是需要協定的。婚姻生活是在實體空間中進行的，該怎麼分配，絕對是一門藝術。以台北市的夫妻為例，這地方寸土寸金，一般夫妻家中不可能有一間臥室、一間太太的工作室、一間先生的工作室、一間小孩的房間，還要客廳、太太打扮的地方、先生玩音響的地方……這不是我們一般人可以企及的生活。三房一廳的房子裡，主臥房應該是兩個人的吧？但是很多家庭的臥房不成比例地塞滿了某一方的東西，而很不幸的通常是女性。例如，妳家的臥房有沒有化妝台，為什麼那是妳的化妝台，擺妳的瓶瓶罐罐，而不是擺先生的桌子跟雜物呢？夫妻在這無形的空間切割上有一個協定。又如衣櫃，各位家中衣櫃的容量分配平等嗎？演講中我詢問男性，家中衣櫃你使用的容量有到一半或以上的請舉手，再者，太太占用較大的請舉手。不出預料，幾乎所有的男性都說衣櫃是太太使用較大半。還有廚房，也是雙方使用不均等的一個空間。但女性此刻就要大聲抗議了！雖然我占用了一些零散角落，可是我先生有一間自己的工作室！在非正式的查訪中，我們的確發現丈夫在家中擁有書房或工作室的比例比妻子高。

家務和空間的分配多半都沒有明講的，很少人在婚前會問對方，我們決定碗要怎麼洗，家事要怎麼做。也很少有夫妻搬進新房前，會認真地協定電視是誰掌控，每天幾點看你要的節目，哪個空間歸我主用。沒有協定，但生活就進行了。很多夫妻爆發爭執的時候，才發現從住在一起的第一天開始，就累積了很多恩恩怨怨，你欠我我欠你，我讓你你為什麼不讓我，你為什麼沒有感謝我，種種複雜的感覺。這是我們很少思考的。

空間除了共享和分配，還有封閉與開放的問題。有些人的個性，當他今天坐在一個沙發上看著他的電視，周身彷彿會形成一種空氣圈，他不喜歡人家隨意闖進他所占的這個領域。類似的，有些人在廚房工作的時候，不希望有人進來擾亂。睡覺的時候就更明顯了！有些人是床中間恨不得可以畫一條線，像小學教室我們在桌子上畫一條線，不讓隔壁的同學侵占過來。有位太太回應這一點，說他們到後來都用一條長長的抱枕做中隔，不然老公會一直睡過來，「那個睡過來並不是很親密地過來要抱妳，而是把妳擠到旁邊去，他只是要舒服，並沒有要讓妳舒服。」

人有不同的性格和依附的習慣。有的人很喜歡跟別人和在一起，但是有的人就很排斥。有人無法接受配偶不敲門就進來，有人卻覺得夫妻之間還要敲門真是太傷感情了。

談戀愛的時候，大部分的人都很喜歡親密，可是進入婚姻，變成要在一起一輩子的時候，有些事情就不是可以忍耐的。例如擁抱，是一件美好的事，可是如果要抱著一直不放到天荒地老，就會覺得很黏、很難過、很不方便吧！很多人說我們戀愛的時候沒有問題，為什麼婚姻會有問題？因為婚姻基本上預設是要長長久久的，從早到晚很多事情都要交纏在一起，如果不能努力理解對方的性格跟需求，或不懂得如何溝通，一定會產生無數的誤解。例如，喜歡分享的人會誤解喜歡距離的配偶不愛他或拒絕他，然後會採取很多相應的措施，想要拉近對方，想要指責對方，或者自己變得很焦慮，漸漸就會造成很多衝突。

責任的分配

兩個人只要存在同一個空間，就會發生本質上的衝突，更不要說生活中還有各種交集了。比方說，生活中的責任要如何分配呢？分配的時候，有沒有一種角力呢？

一對夫妻本來是非常愉快的，他們沒有小孩之前都非常愉快，根本不覺得家裡有什麼責任需要協調，因為他們實在沒有什麼事情要做——每餐都是吃外面，在一起的時候就是一起吃外面，沒有的話就是各自吃外面，家裡沒有碗要洗，衣服幾乎都是送乾洗，他們沒有所謂的責任，家裡面請阿姨在打掃，這樣的夫妻實在是神仙眷侶啊！不巧的是，這對神仙眷侶沒想到有一天會有更大的幸運，就是上帝送給他們小孩這最棒的禮物。有了小孩之後，產生了超乎想像之多的責任——好不容易熬過洗奶瓶換尿布的日子，開始吃人間食物的小孩不能吃外面，不衛生，有添加物……追求完美的兩個人從此決定家裡要開伙，那慘了，他們從來沒有發現原來兩個人都那麼懶。兩個人都在計算，我洗了多少碗、我切了多少菜。在爸媽團體中談到這點的時候，兩位都搶著伸出手來給我看，說我有富貴手。我說：

「嗯嗯，你們兩個人都有富貴手。」丈夫說：「喔～不是，我太太只有一手，我兩手都有耶。」

兩個人都覺得自己很委屈，爭執也沒有用，該怎麼辦呢？團體中資深的夫妻們，熱心地分享經驗：

方太太：「誰也不讓步，只好學會假裝成不計較的樣子，但是想辦法閃避。例如，我常常耗在廚房，不是因爲我愛煮飯，是因爲如果在廚房就可以名正言順地把小孩丟包給先生。」

李媽媽：「丟包也是一個技巧啦！我媳婦就很會。她常常說要嘗試一個什麼副食品，然後就把它煮焦了，煮焦的東西泡在那邊，重新來一次，這中間三個小時，她都在實驗那個食譜，就一直在廚房裡，那她廚房裡面有iPad，聽她的音樂，小孩就丟包在外面給我兒子。」
楊太太：「可是呢，有的老公也很厲害啊！像我老公就會想別的辦法，例如他就會說小孩子要找媽媽，其實如果妳偷偷地去觀察，他很擅長在小孩子找爸爸的時候說，我們去問媽媽好不好？我們拿去給媽媽看好不好？比方他隨便翻一本故事書，教小孩說這個是大象，然後就大聲叫：『馬麻，寶貝要指大象給妳看！』然後就把小孩又丟包回來了。」
簡太太：「小孩來了，老婆也只能表現出很高興的樣子。父母都不願意在小孩面前像壞人，所以有了小孩的夫妻，在責任分配上常常開始『來陰的』。」

明講不行就開始來陰的，的確是這樣。不過，能這樣調整自己的平衡，至少比明著跟另一半吵架有技巧。

許多女性，即使頭腦清楚，遇到要跟老公談分工時，就是有理說不通。

簡太太問大家：「如果妳今天在家，妳知道今天要擦地板，那麼，請問妳是要兩點到四點把地板擦好，老公五點多下班的時候已經都乾了，他一進門就很舒服，還是，算好他五點半會到家，妳五點十分才開始擦，當他進門的時候，東西傢俱全部都不在位子上，妳趴在地上擦、屁股朝著門，然後水桶、抹布到處都是，讓他知道妳正在擦地？」

妳會怎麼做呢？

知道她的意思，大家都笑起來。

「像我們這種心地善良的女性，本來都會兩點擦到四點，五點多他進來的時候已經是一個舒舒服服的家，但是自從有一次我叫他洗自己喝的咖啡杯，他說幫人家洗一個咖啡杯都不行？怎麼會有這麼小氣的女人？我就想，好，你給我記著，從此我一定是五點十分才擦地板，然後擦擦擦擦得很不方便，讓他知道我在擦地板。我也是被逼的。」

理想狀態下，我們都希望是另一半眼中的完美嬌妻，希望他對我們做的每一件事都滿意、都感恩還會圖報。但現實婚姻中，難免懷疑另一半缺乏一種良心良知的東西。或許他有，只是不懂得表現，或是他真的沒有，那麼太太可能會被迫發揮創意，做出上述連自己都驚訝的行為。只要不是太惡意，這的確也是解決問題的一種變通之道。有時真的只有這樣，婚姻才能維繫。重點是：要靈活變通，讓自己情緒覺得平衡。五點半趴在地上擦地，真的比累積到九點發脾氣好啊！

情感、思想、行為的界線

與責任相關的是界線問題。例如，當老婆預設老公應該做什麼，老公若沒有同感，就會覺得界線被侵犯。但這之中更微妙，容易被忽略的是，因為老公不做某些事而必須由老婆承受時，其實老婆的界線也被侵犯了。看得清楚界線問題的人，比較擅長與伴侶協調。搞不清楚是自己受侵犯還是自己侵犯對方的人，比較容易吃悶虧。

我有沒有被尊重、我有沒有被濫用，彼此之間的行為應該有什麼規範，其中都有需要設定的界線。

舉一件也是非常瑣碎的小事（以瑣碎小事為例，用意是說明婚姻中的考驗真的無處不在）。很多丈夫都覺得老婆囤積太多東西，這樣說可能有點性別刻板印象，但這是諮商室中聽見的常態。男性常常不了解，為什麼老婆要抱怨房子買得不夠大，卻不把無用的囤積物丟掉呢？但是如果老公在老婆不同意的狀況下把東西丟掉，哇！老婆就會覺得界線被侵犯了。

另一個例子：

楊太太說：「有一次我跟老公吵架吵到半夜，我很生氣但又講不過我老公，因爲他比較會講話。之後我整夜睡不著，他卻睡到打呼。愈想愈氣我就起來打電話給我婆婆。」

爲什麼要打給婆婆？

「不知道。就是很氣，想說誰叫她養出這種兒子。」

太太會有這種心情，顯然是因為在爭吵中丈夫紋風不動，戳也戳不到他，於是本能地想打擾他的母親，提高刺激的強度。這種行動無意識的目的正是要用力踩踏丈夫的界線，希望激起他的反應，但踩線的後果恐怕不是太太可以承擔的。

彼此之間，什麼事情不能動到，例如打擾長輩、批評我的手足、干涉我的工作、嫌我笨或醜等等，夫妻一定要明智地注意自己的界線和配偶的界線。不亂踩別人的線，也要技巧地在自己的界線旁豎立標示，避免對方誤踩而傷害關係。

生活協定與心理互動

已經在婚姻中的人，也需要時常回頭檢視，生活中的各種細節是怎麼協定的，兩人中間有哪些還在拉鋸的，哪些已經定型而每日製造著不滿。

徐女士：「我結婚五年，小孩兩歲。我們的生活協調，已經是含怨帶恨。您舉了牙膏的例子，我們家是浴室拖鞋的例子。先生要我走出浴室的時候拖鞋一定要擺好，他說這樣小孩看到才會跟著守規矩，以後出嫁，夫家才會說這孩子家教好。可是我先生每次喝完牛奶的紙盒或塑膠瓶，都不會丟到我放的回收的垃圾桶，他一定放到一般的垃圾桶，害我被強勢的菲傭罵：『太太！妳不懂這個一定要資源回收嗎？』每次跟他講，他還是不改。那我就覺得，你會教訓我拖鞋要放好，我已經照你指示做，拖鞋並排前端朝外，但你的牛奶盒，我說過那麼多次，你都充耳不聞。到後來我只好用報復的方式，拖鞋故意一正一反亂放！等到先生又開始唸的時候，我就說那是你女兒弄的。」

夫妻間的生活協定，有些地方是你配合我，有些地方是我配合你。如果以件計算，例如拖鞋我配合你，垃圾你要配合我，幾乎不可能達到公平。只要件數不是明顯地失衡，例如，家中幾十項規矩都是一個人訂的，就可以算是合理。會產生積怨，多半是因為在協定時，一方的意見和態度讓另一方感覺像是批評和貶損。徐女士的例子中，丈夫要求如何擺放拖鞋，所說的原因是「女孩子要這樣放拖鞋才能讓夫家覺得教養好」，那麼，隱含的意思不就是老婆家教不好嗎？這「家教不好」有雙重的意義，一是徐女士自己出身家教不好，讓人感覺辱及她的父母；另一是指徐女士身為母親，沒有給女兒好的教養。徐女士或許無法理清自己感受到的雙重否定，只知道自己很氣憤而想報復。在她的敘述中，以「我會被菲傭罵」解釋自己希望丈夫做好垃圾分類的合理性，這裡流露出她「被嫌棄、被指責」的關鍵感受。丈夫的指責啟動一種壓力，之後的心理過程可能像是這樣（圖一）：

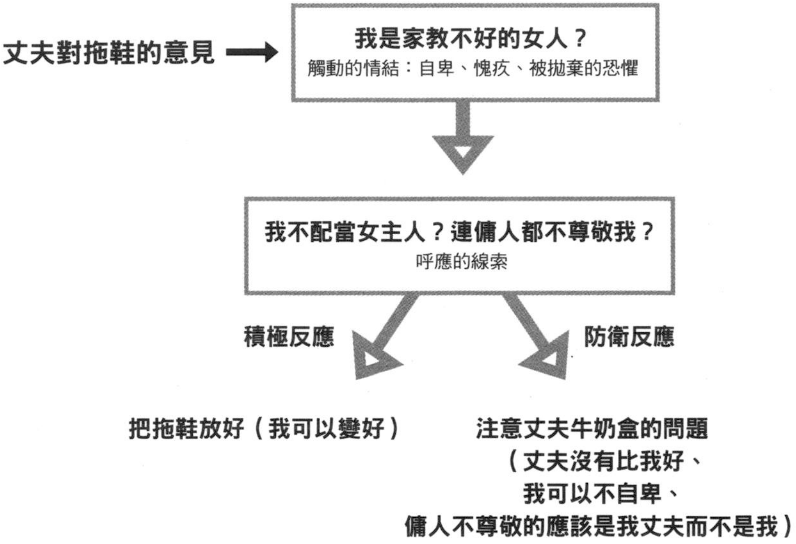
丈夫對拖鞋的意見
我是家教不好的女人？
觸動的情結：自卑、愧疚、被拋棄的恐懼
我不配當女主人？連傭人都不尊敬我？
呼應的線索
積極反應
防衛反應
把拖鞋放好（我可以變好）
注意丈夫牛奶盒的問題
（丈夫沒有比我好、
我可以不自卑、
傭人不尊敬的應該是我丈夫而不是我）

（圖一）

在積極反應與防衛反應兩種傾向之間，有持續的拉扯力量。如果內心被觸動的情結強度很大，光靠積極反應並不能解消壓力。例如，如果妻子心中帶有「不管我多努力別人都不會肯定我」的信念，她可能會覺得「就算我把拖鞋放好也改善不了你對我的成見」，那麼圖右上方「自卑、愧疚、被拋棄」的焦慮無法消解，接著便容易採取防衛的反應，試圖轉化或粉飾難以承受的壓力。兩方拉扯的結果，如果防衛需求勝出，就會做出「故意把拖鞋亂擺」的行為，意味是「你覺得我爛，那我就爛到底」（以動力心理學來看，這是吸收了對方投射在自己身上的印象）。而在徐女士的例子中，還牽涉到微妙的親子角色，她把拖鞋亂擺之後，對丈夫說是「你女兒」做的，其中的意涵值得思索——「在你眼中，我是個不好的女人？其實你女兒才差勁！」、「我倒要看看，你多會教女兒？」如此反應時，她本身似乎從母親的角色解離了，「我的女兒」和「你的女兒」也被區分開來，對待「你女兒」時，她不是一個慈愛的母親。這是另一個值得認真看待的問題——女性若是不得丈夫支持，作為母親的功能也會受到影響。兩歲的小女兒若是知道自己被媽媽栽贓，心理上又是什麼感受呢？如果徐女士與丈夫之間，無法認識並跳脫攻擊與防衛的互動，這小女孩長大之後，很可能又變成一個像媽媽那樣自信不穩定的女性吧！然後，她跟丈夫之間難免遭遇類似的問題，然後她的小孩……這正是所謂的宿命一般的「代際傳遞」。

自卑、愧疚、被拋棄等等，是人性共有的深層焦慮，每對夫妻都會遇到類似的挑戰。為什麼有人較能安然度過呢？

上例中，丈夫試圖協定拖鞋擺放的家庭規範時，如果能以誠懇的態度，以自己的喜好發出請求，像是：「不知怎的，我這人看到拖鞋向外擺好，心情就會比較好！有點好笑喔？不過，可以請妳幫我這個忙嗎？」這會比義正辭嚴地說什麼小孩需要家教好多了。太太這邊需要協定垃圾分類時，如果能夠自信地說：「我喜歡垃圾分類放好，也請你幫忙吧！」也會比百轉千迴地說你害我被傭人罵（帶有「傭人想罵你」的意涵）好些。

要這樣平實誠懇地描述「我個人好惡」，不拿外在的道理壓制對方，需要有足夠的自信。自信曾經受到創傷的人，說起話來特別容易理由一大堆，因為不相信自己的「個人好惡」會受到重視。其實，如果配偶不願在意妳的個人好惡，他一定更討厭妳訴諸道理。如果妳講的道理他會接受，通常講個人好惡也會被接受。總之，誠懇地說「因為我個人有這喜好」，請對方幫忙，對方願意的話，就對他表達感謝。這是夫妻進行生活協定時較好的方法，不僅可避免誤觸對方自尊的地雷，在請求與回報的互動之間，還可增加彼此的自信與親密感。

5-2

權力對應的模式

夫妻的相對關係有很多種模式：

主導／順從模式

如字面所示，是固定由一個人主導生活，另一個人順從的模式。這種模式的好處是角色清楚，彼此都知道自己該有什麼態度。這種模式可以長久維持的關鍵是，順從的那位充分感覺被照顧，主導的那位充分感到被尊敬。如果彼此的心理需求改變了（這可能發生於人生階段變化的時期，例如中年危機、家庭結構改變，如子女離家或長輩離世等），一向順從的那位如果開始更在意有沒有被尊敬，或一向主導的那位開始更在意有沒有被照顧，就可能需要改變模式。但這種模式的固定性和習慣性很高，不容易立即改變，因此若有一方開始不滿，衝突往往會很激烈而找不到出路。

合作模式

基於平等分工概念的合作關係。其中又可區分為固定的分工（某類事務固定由某一方負責），或交換式的分工（隨機彈性的事務分配）。固定分工模式也可能在特定事務方面出現類似「主導/順從」模式的問題。例如固定煮飯的一方，可能有一天開始覺得自己分配到的事比較辛苦，或是做的菜得不到欣賞，而心生怨懟。交換式（彈性）分工的模式，看起來最不容易僵化或怨懟，但事實並非如此。許多夫妻理想上希望如此，實際生活在一起之後，就發現這種模式很難運作，因為人的感受與想法千變萬化，今天丈夫很高興倒垃圾，明天卻完全不想碰，一不小心就會對不上，每天都要考慮如何分配責任，分配了還要猜對方是不是真的高興，因此，除非對自己和對伴侶的個性都很有深度了解，發生不滿的機率其實不低。現代年輕夫妻常有這種困擾。

被動控制模式

這是一種很複雜的關係模式。表面上是某方說話比較大聲，但生活細節總是取決於那個看似委屈的另一方。所謂被動控制，意思是「以被動的姿態掌控別人」。典型的例子是傳統男尊女卑的家庭，丈夫的意見不容駁斥，但不少妻子會用被動間接的方式影響家人，例如，吐露委屈、哭泣，悶悶不樂，最後家人只能揣摩她的心意照做。結果這個人比講話大聲的那位控制力更強。一個永遠扮演弱勢的人，有時候是最強勢的。其實兒女看得很清楚，父母之中誰才是真正的控制者。這種被動控制的模式，角色和情緒充滿扭曲，表面上強勢的那位，其實很委屈，但他卻不能抱怨委屈；表面上委屈的那方，雖然實質上經常控制著家人，但因為行使控制的途徑沒有正當化，無論家人如何順應他，仍然無法感到真正被尊重，覺得「我哭你們才會注意到我」、「你們不是真的在乎我」，也常感到家人並非真心喜愛他。這種關係的夫妻非常容易積怨而且難解，往往需要外力的介入，洞悉此模式並且加以詮釋，指出雙方隱藏的委屈和攻擊性，提供新的互動方式。

有時人們意識上以為自己喜歡上列的某種夫妻模式，但實際在婚姻中形成的卻是另一種模式。這不僅是另一半搭配的問題，也是因為自己不了解的潛意識驅使。例如，現代女性在意識上多認為自己想要平等分工的合作模式，但許多人心底仍然存有希望丈夫能力比自己強、可以受到丈夫較多照顧的渴望，甚至無意識地把「受丈夫疼愛照顧」與自己的價值感連結起來，結果夫妻生活根本不可能順暢地以分工模式運作，對丈夫生氣時說的理由其實都不是內心真正的理由，丈夫無法回應核心的情緒，終將覺得挫折、無法討好而採取規避或反擊的態度。這是思考夫妻模式時必須深究的層次。

5-3

干擾與支持的平衡

夫妻間的不滿，從個人心理的層面來看，可以分解為兩方面：一是干擾面的存在感太強，一是支持面的存在感太弱。

干擾面的存在感太強：沒有他的時候，我自得其樂，不會有什麼麻煩，但是他在的時候，常常帶來負面的、我不想要的東西，統稱為干擾。例如情緒、要求、壓力……這些東西的存在感太強。

支持面的存在感太弱：我想要的東西，關愛、肯定、幫忙……老是得不到。

夫妻生活在一起，不可能完全沒有干擾，但干擾與支持可以平衡抵銷，一個干擾多的伴侶，如果支持給得很多，另一半也能忍受。支持給得少的伴侶，雖然讓人覺得不滿，但想想他也從不製造麻煩，多半還能繼續過下去。對彼此不滿的夫妻，總是可以發現干擾與支持之間失衡了。不想要的東西太多、想要的東西太少，說穿了很簡單。但是在諮商中，夫妻往往無法說清楚，吵架的時候一團混亂。討論開始聚焦時，就是夫妻能夠明白指出「你的ＸＸＸ對我而言太干擾，請不要給我這些」，同時也能明白指出「我需要ＸＸＸ，你能不能給我」。之後才可能開始思考「你要的東西，我不能給嗎？」以及「你不要的東西，我非給不可嗎？」。

干擾與支持，雙方解讀可能不同。很多時候，一方為另一方做的事，對另一方而言是干擾，但做的這方渾然不覺，不僅如此，還覺得自己做了那麼多事，理應得到回饋，因此更容易認為所得的支持太少，然後就徹底地失衡不滿了。

阿志與小玲

小玲：「我每次要求他做一點家事，他臉色就很難看。」

阿志：「我沒有不做，只是我有時候不想立刻做。像昨晚那些碗，我跟妳說我喝完啤酒就會去洗，妳就說我不洗。我也跟妳講過，如果妳不喜歡做，我們就請人來做，我們還付得起請一個人。」

小玲：「兩個人合作就可以處理的事，爲什麼要花錢去請人來做？請你做事的時候，我也沒閒著，不是在弄你爸媽的事就是小孩的事，你做一點會怎樣？」

阿志：「既然妳也覺得很忙，爲什麼不請人？妳喜歡從早忙到晚，可是我希望有時可以放鬆，坐在那裡放空一下，這叫生活情趣好嗎？」

小玲：「你命好可以想生活情趣，我只煩惱怎麼把事做完，從沒想過自己。你都沒有感恩嗎？我每天早起，我也可以聽音樂啊、我也可以放鬆啊，可是我就是去幫你們做便當，讓你每天都有便當可以吃。」

阿志：「我不需要帶便當。其實我也不想帶。」

小玲：「爲什麼不想帶？小孩都說我做的便當很好吃啊，你覺得我做的不好吃嗎？」

阿志：「不是好吃不好吃的問題，是我並不覺得帶便當有什麼特別好。」

小玲：「你都不知感恩，我每天那麼辛苦地給你做便當欸！」

阿志：「對，妳很辛苦，所以可以不要做嗎？」

小玲：（哭泣）「我對你而言就是不需要的廢物。」

阿志：「妳在講什麼！」

小玲：「就是你說的啊！你不需要我！」
阿志：「我沒有說不需要妳。我是說不需要便當！」
小玲：「我付出那麼多，我得到什麼？」
阿志：「妳不可理喻！」
小玲：「你忘恩負義！」

這是諮商初期，絕望的雞同鴨講。幾個月後，他們仍然重複同樣的爭執：

治療師：「我們可以倒帶一下嗎？阿志說，其實他不需要帶便當。小玲覺得如何呢？」
小玲：「他爲什麼不帶？」
阿志：「我爲什麼要帶？妳愛做我就要帶嗎？」
小玲：「那是便當耶！要洗菜切菜炒炒煮煮才能做出來的營養

便當耶！被你說得好像毒藥還是炸彈！」

治療師：「妳覺得妳給他的東西被當作毒藥和炸彈……」

小玲：「還有廢物、垃圾，總之就是讓他嫌煩的東西！（激動）」

阿志：「妳不要動不動就爆炸好不好？」

治療師：「看來你眞的覺得小玲像個炸彈。」

阿志：「要這樣講也沒錯！做一個便當，我吃到什麼營養我不知道，我只知道我要呑下一堆她的抱怨！我眞的受不了！」

治療師：「對你而言，小玲給你的便當，裝的不是營養，而是你受不了的抱怨。你可以這樣對小玲說嗎？」

阿志：「我覺得，便當，妳的便當……裝的不是營養，而是我受不了的抱怨……」

小玲：（低頭）

阿志：（看看小玲，又看著治療師）「那個，我更正一下，她做的便當，應該是很有營養，她都弄很久……剛那樣講也不太公平。」

治療師：「原來如此。」

小玲：「你現在才知道！」

治療師：「如果沒有附帶抱怨，那應該算是一個好便當。」

小玲：「我也不喜歡抱怨。只是他那種不知感恩的樣子眞的讓人很氣！」

治療師：「得不到他的感恩，或說肯定，妳心裡生出很多氣，就一起裝到便當裡了。」

小玲：「至少我沒給他下毒！」

阿志：「噢，所以我該說謝謝嗎？」

治療師：「小玲的確很想聽到一句謝謝，是嗎？」

小玲：「他死也不肯說。」

治療師：「妳能對阿志說『我想聽你說謝謝』嗎？」

小玲：「看在我做了那麼多的分上，你什麼都不做，偶爾講一句謝謝總可以吧！」

治療師：「我覺得，妳說的好像有點不一樣。」

小玲：「意思他知道。」

治療師：「可以再試一次，只說妳想要什麼，不用說妳做了什麼和他沒做什麼，好嗎？」

小玲：「……」

阿志：「看吧！」

小玲：「算了。我什麼都不想要了。」

阿志：「又怎麼了！」

小玲：「我想我們不用諮商了。沒有用的。」

治療師：「噢，我們發生什麼事了？」

治療師：「我想，我們剛才發生了跟你們平常很像的情況！我請小玲做一件事，就是說那句話，妳做了，但我卻指出妳的做法多了一些不需要的東西，似乎沒有肯定妳做的部分。那就像阿志只看到妳的便當多了他不需要的抱怨。妳很難過。」

小玲：「我覺得我做的總是不對。」

治療師：「我明白了。謝謝妳說出來。」

小玲：「沒有啦。我還是會來諮商的。我知道妳要我那樣說是想幫我們。」

治療師：「妳的說明讓我更了解，當妳感覺所做的事不被肯定時，妳會有多生氣。」

阿志：「超生氣！」

治療師：「妳最生氣時也就是最需要得到肯定的時候，但這很難說出口。」

阿志：「很難想像她罵人時是想得到我的肯定。」

小玲：「看吧！所以就算我說出我想要什麼，也是對牛彈琴。」

阿志（對治療師說）：「其實我可以說，謝謝她做很多，可是她那樣大小聲……」

治療師：「你被她抱怨時，就說不出謝謝。」

阿志：「都被說是牛了，牛會說謝謝嗎？」

小玲：「牛任勞任怨，很會做事，你還比不上。」

治療師：「還是在抱怨呢！你們之間，互相表達需要和給予肯定的管道，好像堵住了。」

阿志：「有啊！她說了她需要一隻任勞任怨的牛！」

小玲（笑）：「原來你知道我要什麼啊？其實，在家裡，我才是那隻任勞任怨的牛！」

阿志：「是啦！妳任勞任怨，脾氣也很像牛。」

小玲：「你若能感謝我任勞任怨，而不是抱怨我的脾氣。大家也許會好過一點。」

阿志：「妳若不要亂發脾氣，就會知道我是感謝妳的啊！」

小玲最需要的是感謝，阿志最需要的是不被抱怨。渴望支持是不容易說出口的脆弱感覺，因此容易偽裝為指責，這麼一來，另一半聽不到其中的渴望，只感受到被指責的干擾。當兩人都迷失在攻擊與防衛的對話中，只有坦然承認彼此的需求與困擾，才能找出相處之道。

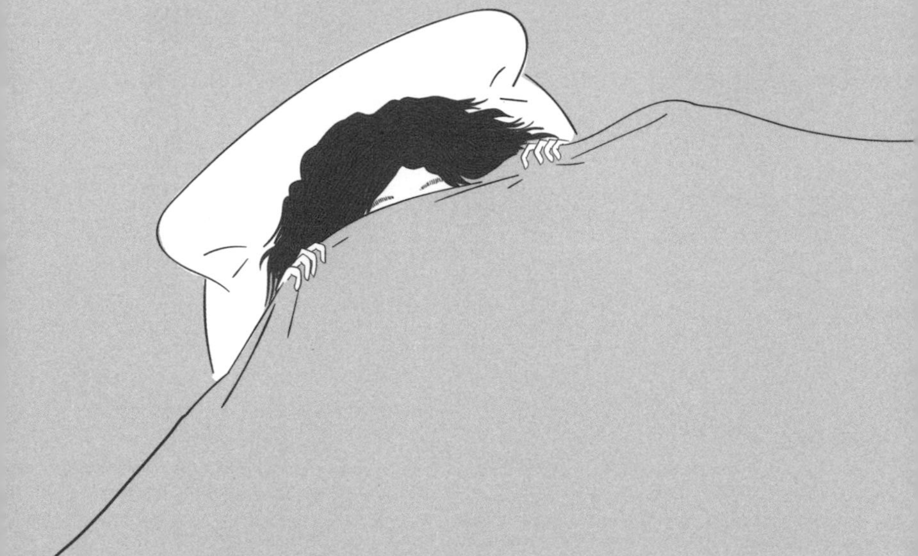

5-4

表面的防衛與深藏的期望

親密關係會喚醒心裡的期望，如獲得關愛、包容、支持……等等。有些人可以坦然面對並且表露自己內心的期望，有些人卻連自己期望什麼都無法意識到，或是雖能意識到，卻無法表露，而必須以其他的方式加以隱藏或扭曲。天生的性格和成長經驗都會影響人們對待內心期望的習慣。一個經常感到被拒絕的孩子，對關係總是帶有**恐懼**，他必須發展某種擅長的防衛，以免情感受到傷害。內心的**情感期望**被深藏於恐懼和防衛底下，不僅他人難以辨識，連自己也可能將之遺忘。如此恐懼、防衛和深藏的情感期望，組成人格的內在結構，如左圖（圖二）：

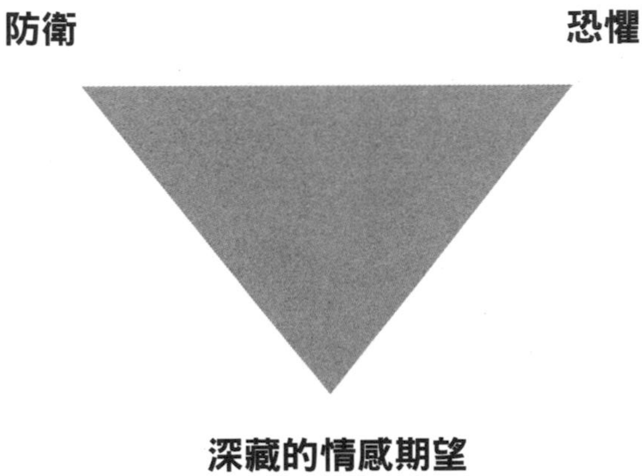

（圖二）

最容易在親密關係中活化的恐懼包括：被拋棄、被消耗、被吞噬，以及無價值感，基於天性和被養育的經驗，每個人有不同的核心恐懼。針對個人特有的恐懼，婚姻中最常見的防衛是：努力、攻擊、測試，或否認需求、保持距離等。

例如，為了對抗「我不夠好，不值得被愛」的恐懼，一個妻子可能努力不懈地想證明自己夠好，家事樣樣完美，面面俱到。但另一個有同樣恐懼的妻子，可能採取完全不同的因應措施，什麼事都不做，不做就不會有機會讓別人看到哪裡做不好。是我不做，不是我做不好。還有一種方式是，用放大鏡檢視別人的不足之處，把相處時間塞滿了對別人的批評，讓別人不及檢查她的缺點，有種先發制人的意思。這些都是缺乏自信者可能對伴侶採取的防衛。

在這些恐懼和防衛底下，深藏著某些情感期望。如果深層的期望無法交流，無法被認識、被尊重（倒不一定要百分之百被滿足），夫妻都以防衛跟恐懼在相處，關係就會充滿誤解，產生罅隙。

表達深層的情感期望並不是一件容易的事。一個不確定自己會被愛的人，也許從小就不確定自己是令人喜歡的孩子，如何說得出「我希望被你欣賞」、「我需要你的愛」？經驗中這樣說老是被忽略、拒絕或奚落，表露這種期望無異於自取其辱，因此不可能不採取防衛。以沉默、被動、隱藏主見為防衛的人，讓伴侶看不見他的情感期望，伴侶勢必對這些防衛採取攻擊，目的是接觸到底下的情感。因此，愈是採取某種防衛，愈會招來對此防衛的攻擊，攻擊使得原本想要防衛的恐懼更為活化，讓人更相信「果然需要調高防衛的等級」。這是前面圖中的三角形所表示的，防衛與恐懼之間的動態關係。

例如一個恐懼「別人認為我不好」的人，採取事事被動、少做少錯的防衛。他的伴侶免不了抱怨「你真是一個很懶很糟的人」，每次聽到這種話，他的恐懼都再次被證實——「別人真的認為我不好」，於是他的習慣防衛就更強化，變得更被動。而他的伴侶的攻擊就更強，陷入惡性循環。如此，防衛與恐懼這條線，也就是三角形上方的邊，不斷地激活，夫妻的注意力都落在這條粗線上，完全看不到底下的情感期望，變成左圖（圖三）所示的狀況：

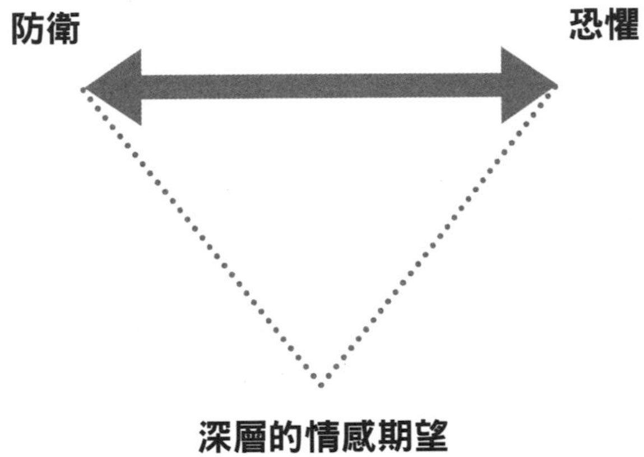

（圖三）

關於圖中的三角結構，還有一點需要說明：情感期望與恐懼之間，有著連動的關係。例如，被愛的期望愈強，被拋棄的恐懼也就愈強。這是因為深層的期望源自生存的需求，如果此需求無法被滿足，往往意味著毀滅甚至死亡。就像一個小嬰兒需要母親的愛，這種需要不是錦上添花讓人生更美好的奢侈品，而是如果沒有母親的照顧就可能會餓死凍死的、與恐懼連結在一起的東西。相同的，恐懼愈強，與之相關的期望也愈強，只有沐浴在所需的愛中才能忘卻受恐懼威脅的痛苦，因此恐懼也會驅使我們追求內心期望的滿足。前文提到恐懼可能引發防衛，現在提到恐懼會加深期望，一種心理恐懼到底會表現為防衛或是期望的追求，則是個人性格、成長經歷，以及伴侶互動模式的綜合結果。

在上一節出現的阿志先生，內心的恐懼是「被控制」，他期望支持而不被侵擾，能以自我的本質被接納（我們不難理解他有一位控制欲強並且不快樂的母親），而他採取的防衛是交替的退縮與批評（我們可以在上節的對話中看到，對於小玲的言語與要求，他不是不回應，就是還擊），他的心理狀態，可以下圖說明（圖四）：

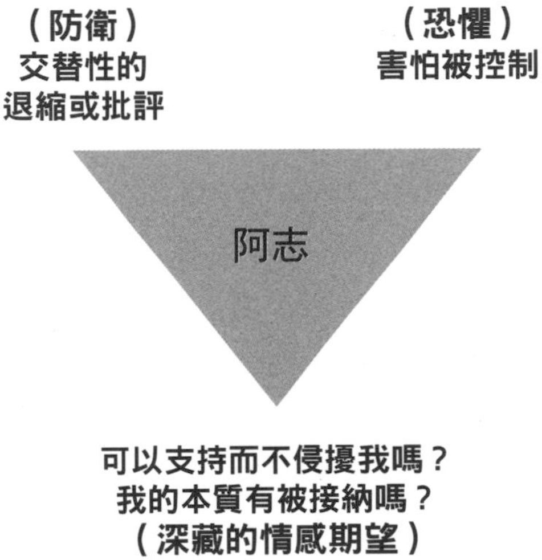

（圖四）

而太太小玲，她的恐懼是被拋棄，採取的防衛是經常地尋求確認。生活如果沒事，她不會覺得沒事，而是擔心為什麼沒有來自阿志的肯定訊號。她的深層期待，連自己都不太清楚。經常責怪阿志不做家事，容易讓人以為她期待的是阿志能幫忙減少她的勞累，但是當阿志就此提出解決方案時（等他休息夠再做或請人來做），小玲卻覺得不受用而且更加沮喪、憤怒。仔細探究小玲情緒激動的反應點，其實她期望的並不是減少勞務，而是獲得讚賞與感激，「我可以為你做任何事，只要你能看見並感謝」，她更深的情感期望是被在意與被珍惜，如圖五所示：

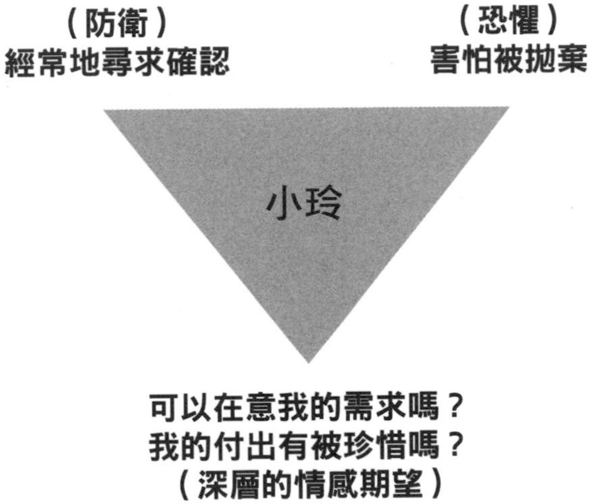

（圖五）

阿志需要空間，但空間會觸動小玲被拋棄的恐懼，使她一直尋求確認。小玲尋求確認的作為觸動阿志被控制和被干擾的恐懼，使他退縮或反擊批評。當阿志生氣或批評的時候，小玲的恐懼使她認為自己是被厭惡的（如對話中她從便當延伸到自己是不被需要的），因此會用更多作為逼迫阿志確認彼此之間的愛。受到更多逼迫的時候，阿志的恐懼就更強烈了，於是他也進行更多的防衛，他更加退縮或更多批評。他們的溝通就這樣卡住了。

他們在婚姻治療中所做的是從攻擊和防衛的煙硝中辨識出恐懼與期望，勇敢地觀看彼此的需求而不被嚇壞，認識對方的需求如何激發自己的恐懼和防衛。

當小玲尋求肯定時，阿志如果能從自己的恐懼中站穩，辨識小玲尋求肯定的需求，而不把她視為一種致命的威脅（如炸彈一般），或許能給予一點小玲想要的回應。其實只要一點回應，兩人就有機會脫出原本的惡性循環。同樣的，小玲也必須認識阿志的恐懼，知道當她尋求肯定時，阿志的抗拒並不是因為她不值得肯定，而是她尋求肯定的作為激起了他的恐懼，他忙著在自己的恐懼中奔逃，無法來照顧她的需求。小玲也必須克服被拋棄的恐懼和自我價值的懷疑，才可能給予阿志較大的空間，讓阿志感覺自己是被如實接納的。

夫妻雙方都需要認識自己的恐懼與防衛，並且了解這不是配偶造成的。自己的成長背景和個性是更基本的源頭。當恐懼與防衛不再過度激化並占據所有的注意力時，深層的情感期望才有機會表現並被看見。婚姻治療師的一項基本功能是提供保護，引導夫妻探測恐懼，並且在可以承受的安全地帶指出夫妻的防衛，幫助他們看見攻防背後隱藏的恐懼與期望。那裡，也是兩人之間曾經存有的愛躲藏的地方。

（關於內在恐懼、防衛、深藏的情感期望的處理，牽涉到無意識的層面，未曾進行深度心理探索的夫妻，可能需要專業協助才能洞悉此內在問題。）

5-5

從期待與失落中成長

許多夫妻長期停留在防衛模式中，不願看見底下的情感期待，是因為不知如何面對失望與失落。

「了解雙方對婚姻的期待」，說來簡單，事實上卻是很大的挑戰。首先要了解「我對婚姻的期待」，哪些是被滿足的？哪些是未滿足的？其次，站在對方的立場，了解「伴侶對我的期待」，哪些是被滿足的？哪些是未滿足的？接下來，問題就大了！當我們看到「你無法滿足我」或「我無法滿足你」的事實，該怎麼辦？

「你不是我期待的那種人」與「我不是你期待的那種人」，哪一個打擊比較大？

發現伴侶給不了我想要的東西，只要對方表達一點誠意或一點歉意，截長補短，足夠成熟的人多半可以接受理想與現實的差距，但是，如果伴侶期待的不是我這樣的人，自尊的傷害很容易轉變為憤怒，變成關係中最難穿越的一堵牆。訪談婚姻順利延續的夫妻，經常發現他們能夠坦然面對「我不是她理想中的完美丈夫」或「我不是他夢想的那種女人」。他們可以容許另一半有其理想，一起面對實際關係中的「失落感」。而婚姻觸礁的夫妻，往往無法接受自己在另一半眼中不夠完美，只要看到對方流露一點點失望的神色，就深感不安而採取防衛或反擊，於是對方只好隱藏他的期望，或者也開始防衛與攻擊。

在親密關係中，我們都希望得到伴侶全面的肯定，但說實在的，這滿像是嬰兒時期需要覺得「我最棒」的一種全能妄想。人間夫妻難免對彼此有些失望和不滿，那並不是世界末日。理解各自想要的東西，也理解彼此可給與不能給的，可以容許一點失望，承受一些失落感，記得彼此的好處，才能維持長期的心理關係。

5-6

付出和獲得的平衡 關鍵是對自己負責

換一個時代，換一個地方，婚姻的文化或許可以全然不同。而我們生活在這裡，這個殘留著父系意識的社會，男女在婚姻中都要面對太多扭曲的人性。婚前女性多半期待受到男性的追求與呵護，沒有好好練習以平等的心理關係相處，以為「他對我很好」，婚後就會這樣持續一輩子，真是害人不淺的誤會。

婦女朋友喜愛的電視節目、網路文章等大眾論述，經常描述男性性格不成熟，婚後不收心等等，這的確很常見，但在婚姻諮商室中，我們也常聽見男性表示，他們對老婆失去耐性，是因為覺得老婆性格不成熟，始終像個女孩，在意一些不切實際的事，要人時時注意著她的好惡。可見男女雙方都期待伴侶婚後能成熟、擔負起大人的角色，關鍵就在兩人是不是都有自覺，自己也要變成大人呢？

台灣男性普遍認為結婚成家算是完成人生一件大事，婚後應該過著安心平穩的生活，而不是持續婚前的交往模式。愈是帶著夢想，以為自己嫁給了王子的女性，婚後失望的程度愈高。

孩子的加入則是婚姻關係變化的另一個開端。如果夫妻婚後沒有建立成熟的合作機制，例如一方仍有被呵護的小孩心態，當真正的孩子出生，就會是嚴厲的考驗。小孩帶來許多立即的壓力，可能讓大人變得很狼狽。從這個階段開始出問題的夫妻，並不是不願意像以前那樣關愛彼此，而是因為要照顧小孩都來不及了，留給另一半的心力大幅減少，只要有一方不夠成熟，就可能衍生怨懟。

對女性而言，關係的日常化，呵護感的消失，懷孕生產的各種焦慮和心理衝擊，這些都未及處理好，有了孩子之後，所有人就盯著看妳像不像個媽。努力學習照顧小孩，別人卻認為妳天生就應該會。做得好是應該的，做得差就奇怪了，妳不是女人嗎？不知有多少女性在這之間開始一路的憂鬱，從產後到被指稱是更年期憂鬱、空巢期憂鬱，如果中間沒有轉機，一生就完了。現代沒有婚姻沒有孩子的女人，戲稱敗犬，但她們大多都能保持著良好的狀態。進入婚姻的女人壞一半，有了孩子之後又慘一半，才是非常狼狽。

那麼，女人婚後一路憂鬱的轉機到底是什麼？

第一是，學會獨立思考，正確的判斷。做女人，耳邊和心裡永遠會有質疑的聲音，例如，做了一個好媽媽，會有一個聲音質疑妳沒有成就更多的自己。若是成就了很大的自己，便有聲音質疑妳為家人付出得不夠。到底怎麼做才對，每個人有不同的正解。從各種質疑中區分什麼是自己的方向，什麼是迷惑，否則女人很容易變成「身不由己」、不快樂的人。婚姻跟孩子不是人生完整的必需品，若是進入婚姻有了孩子，能不能走出各種質疑，發展自己的天命，決定了女人的人生滿足度。

再者，一定要自己照顧自己。

認真地自己照顧自己；甘願地自己照顧自己；徹底相信只有自己照顧自己是很正常的事。

聽來簡單不過，但我相信有一定婚齡的女人，都知道其間心路的崎嶇。

尋求婚姻治療的某位太太如此描述：「自從當了媽之後，『我』已經不會被看見了。我今天就算肚子痛，眉頭皺成這樣，老公或公婆回應的時候，問的是：『妳人不舒服嗎？那小孩的晚飯怎麼辦？』身體不適，出現的問題是『小孩怎麼辦』，心情不好，就算有人來問，也是想趕快把我搞定，以便我能繼續發揮功用。」

如果還抱著自己是「妻小」的認同，期待被在乎或一直往那邊去追，一定會把婚姻弄得烏煙瘴氣。絕對不要想著「像我這樣的好女人，應該有人疼惜」這種事。

願意自己照顧自己，不求人的時候，可能還有人怪妳自私，不像妻子或母親。沒關係，就把謾罵都擔下來吧！把自己照顧得愈好，對另一半的要求和怨懟就會愈少。

請持續地提醒自己：「我選擇我樂意做的，我樂意做我選擇的。」不輕易接受別人的操弄和強迫，不輕易拿自己去交換肯定和感激。善待自己，保持沒有怨懟的狀態。委屈自己再要求別人回饋，是不負責任的事。壓抑自己、限縮自己、剝奪興趣、剝奪休息，都不是愛人的好方法，因為這樣一定會累積憤怒，憤怒的人只會引起家人的反感。太多女人想要符合別人的期待，彷彿不符合期待就沒有價值，因而扭曲了自己。到最後許多求好心切的女人開口都是哀嘆。看看我們上一代的母親，有多少一輩子為家庭付出，但子女卻無法靠近她們，子女愛她，但躲得遠遠的，因為媽媽總是說著「唉呀……我很苦呀……」，那種沉重、愧疚感讓人沒有辦法處理，家人只能在很遠的地方愛她。

如此建議，意思並不是說妳好好照顧自己，婚姻就會幸福。好好照顧自己，妳的伴侶也可能對妳不滿，例如第二章中的例子，就有老公怨恨生活自在的老婆，恨她沒有付出得更多。遇到這種狀況，妳可以隨時檢視自己，問問家人、朋友，不難確認是自己做得太少，還是老公期待太多，再視狀況調整自己的底線。無論如何，人應該先確保自己不懷抱怨恨，然後盡力處理別人對自己的怨恨。如果自己是大宗的垃圾製造者，活在一片髒亂中，不可能有餘力處理別人的垃圾。

不想陷入互相憎恨的關係，就必須時時把自己照顧好，再去關懷別人。不管結婚或單身，都要保持對自己負責的人生態度。

6

翻轉婚內失戀

6-1 是誰不愛了誰？

西蒙波娃說：「婚姻被施的詛咒是：兩個人太常以弱點結合在一起，而不是強項。兩個人都在要求，而不能樂在給予。」

您的婚姻是不是如此呢？就算自認為常常給予，只要不是「樂在」給予，一定會有意無意地對另一半要求什麼，如同前面章節所說的，要求感激和肯定也是一種要求，要求愛，要求忠誠，都是要求。

對親密伴侶要求的東西，幾乎都是用來維護自己內心某個不穩固的部分。害怕自己能力不足的人，最受不了伴侶優柔寡斷。幼時被父母拋下的人，特別需要伴侶全心全意的重視。其實婚姻的詛咒還不只西蒙波娃所說的那樣，因為兩個以弱點結合在一起的人，還會互相投射，吸收並放大彼此的弱點。暗黑想嫁給光明，但通常會發現，婚前以為很亮的那傢伙婚後比蠟燭還不如。人們總是懷疑婚前沒看清楚，其實沒有那麼不清楚，而是，暗黑如果夠黑，絕對可以吞噬光明。

然而，這也是致命吸引力的原理。人們深刻地愛著又恨著激發自己暗黑與飢餓感的伴侶，緊抓著對方，拚命需索又拚命抨擊對方的無能，痛苦而存在。自己難以接納的部分，醜惡的、渺小的、不滿的，都被投到對方身上，如果對方善於吸收，就變成可以矯治的對象。鞭打自己身上的弱點很難，如果有機會把弱點投射到伴侶身上，再去鞭打就容易多了。

我不只一次見識到，因為婚內失戀前來諮商的妻子，起初一直說是因為「他不愛我」而痛苦，後來卻峰迴路轉地發現更大的問題其實是「我不愛他」。

艾麗與翔凱

艾麗抱怨婚姻生活沒有愛，很久都沒有性生活了。她說婚姻生活有名無實，像守活寡。她不要過下去了。翔凱跟她一起來諮商。

翔凱：「寶貝，我還是愛妳的。」

艾麗：「你不要說那些空話。我們算什麼？連性生活都沒有。」

翔凱：「我每次找妳，是妳不要的啊！像昨天晚上……」

艾麗：「昨天你有酒味。你又去應酬了。」

翔凱：「上個月那次，我沒喝酒，妳也是不要。」

艾麗：「你幾點才回來？整天都在外面，我們一點交流也沒有，有辦法做那種事嗎？」

翔凱：「所以，我沒有不做。是妳不要。然後妳說因爲沒有性生活要離婚，我眞不懂！」

艾麗：「連溝通的機會都沒有，當然不會懂。」

翔凱：「……」

艾麗：「……」

治療師：「聽起來，艾麗不喜歡翔凱應酬太多？」

翔凱：「那就是另一件事，不是性生活問題，是應酬問題。我不可能不應酬，那是我收入的必須。」

艾麗：「你只在乎賺錢，都沒時間跟我吃飯也沒關係。」

翔凱：「我吃飯每次都問妳要不要一起去，妳都說不要。」

艾麗：「我不喜歡那些人！」

翔凱：「我工作就是那些人，沒得選擇。」

艾麗：「你們講的東西我沒興趣。」

翔凱：「他們帶很多case給我。不然我怎麼負擔那麼多貸款？」

艾麗：「我不想談了。」

治療師：「你們有很多貸款嗎？」

翔凱：「我們住的房子。買給她爸媽的房子。還有幫她弟弟繳車貸。」

治療師：「有相當的一部分是用於艾麗的家人……」

翔凱：「岳父母的生活費也是我負擔的，所以我眞的不懂她爲什麼不相信我很愛她。」

艾麗：「錢跟愛是兩回事。」

翔凱認為應酬不在家等等根本不是問題，他很樂意帶著艾麗去應酬。他認為艾麗不願與他一同外出，卻在家抱怨寂寞，實在無法理解。艾麗不斷地抱怨翔凱不愛她，治療師嘗試詢問艾麗感到被翔凱冷落的細節，問題的形貌逐漸浮現：艾麗不喜歡翔凱的朋友，所以不能一起吃飯。艾麗不喜歡翔凱的氣味，所以不能做愛。艾麗不喜歡翔凱的鼾聲，所以分房睡……其實，艾麗根本不喜歡翔凱無趣的思考和言談，所以他們也無法聊天。

跟自己的朋友在一起時，艾麗很快樂。嫁給翔凱之前，艾麗有一個男友，他們都喜歡現代藝術、旅行和運動，但那位男士經濟不穩定，脾氣沒有翔凱好，有時還會跟別的女孩曖昧。總之艾麗做了所有人都認為正確的抉擇……

我人在波士頓。諮商到一半就突然中止，總覺得需要跟妳解釋一下。那次突然聽到妳說「是他不愛妳，還是妳不愛他？」，我整個人嚇傻了。我覺得非常混亂，因此決定先關起來，自己理清楚。之後幾個月，我沒再跟翔凱吵架，應該說沒說什麼話，他說我在冷戰，但我只是努力地想要弄清楚我自己。說來話長，妳應該猜得到我經過的過程吧！翔凱不太願意，但是他還是尊重我的決定。

我在這裡找到一個藝術史的課程，是我一直嚮往的。一年之後，我們會決定是不是要簽字離婚。

一年感覺好像有點久，但五年的婚姻好像也不知不覺就過了。我也不知道那時會有什麼想法。

這是艾麗改變視角，開始探索自己之後，給治療師的信中的一段話。

他不愛妳？
妳不愛他？
他不愛他自己？
妳不愛妳自己？

反覆檢視這四句話，重新排列再排列，也許能夠看清婚姻的糾結。

如果妳忘記了如何愛自己，別人也會忘記。

然後妳也無法再愛那個忘記愛妳的人。

如果他不懂得如何愛自己，也很難懂得如何愛妳。

然後不被愛的妳，更不愛妳自己。

同樣的，如果妳不知道如何愛自己，也不可能知道如何愛他。

他會知道他不被愛，於是也很難愛妳。

或許妳已經看出，妳的問題其實不是失戀？

談到如何收回夫妻之間的投射，總有人問：「如果能夠自我接納，自我滿足，不把弱點投射在對方身上，不要求對方支撐自己，也不攻擊，那還要伴侶做什麼？」

說真的，我也曾經這樣想過。會有這種問題，表示對於心理的自立仍然存疑。的確有人很幸運，找到了可以互相扶持弱點的伴侶，不自立也沒關係，那不在我們目前討論的範圍（也不需要討論）。羨慕別人有什麼用？事實就是沒找到這樣的伴侶，原諒自己，接受自己就是必須成長吧！

多年來與許多夫妻一同探索婚姻的奧秘，我仍然相信盡可能地認識並且收回投射，學會處理自己的需求、恐懼、失落（所謂的各種業障），終究是消解婚姻痛苦的必經之道。凡人要無數功夫才能收回一點投射，而只要能收回一點投射，多自立一分，原本是煉獄的婚姻就會清涼許多，可以相安度日。

6-2

婚姻是照見自我的魔鏡

陷入婚姻的僵局，得不到人生該有的樂趣，承受著不該有的折磨。需要什麼心態，才能超越這種困境？

心理學家榮格認為，人們應該以前瞻性的視角看待困境，該思考的是「目前的問題，可以促使我發現什麼？我可以從這裡看見什麼關於人生方向的訊息？」

超越困境所需的心態是，不問「為什麼」陷入這處境，問這處境是「為了」激發什麼新的事物？

讓人感覺什麼都做不了的、動彈不得的困境，會在內心激發強烈的自覺需求，迫使我們接觸原本無意識的層面。這是認識深層自我、蛻變得更完整的機會。

榮格也指出婚姻與個體心靈成長的關係：

人到中年，生活的任務最為繁重，由一逕往前看，致力創造理想家庭的狀態，轉為時常往回看，疑惑著「我的人生是怎麼走到這裡的？」。事物的意義變得比埋頭苦幹更重要，個人的存在變得比集體更重要。我們開始察覺意識的目標與無意識之間的分歧。這分歧造成模糊的不安，因為它的原因是無意識的，這種不安只能在投射中顯現，很多事都怪到伴侶身上。

這種批評的氣氛是個人意識覺醒和現實化的開端。可惜伴侶兩人的心理成長速度很少是並駕齊驅的。兩人要能同步了解目前關係處於什麼樣的內在過程中，機會微乎其微。

伴侶當中，人格較複雜的一個，對人格較單純的那個而言，是難以掌握的。較單純的對較複雜的那位施壓，要他變得更整合或更單純。平常，較單純的那個總是隱匿在較複雜的那個背後，而較複雜的那個，期待被較單純的那個包容。

心性較複雜的一方，開始沉痛地發現，為了符合伴侶可以了解的簡單性格，他分裂了自己的某些部分，而現在他需要能夠不再分裂。他愈來愈看清，這種可能性無法從伴侶那裡得到。因此他會往外看。而他的伴侶察覺到自己不在他的心中，因而開始施壓，想要在他心中奪回一席之地。這壓力使得已經感覺受壓迫的他更加透不過氣，更想逃。

不安的一方嘗試說服往外看的一方：你追尋的是幻夢。幸好這種說服常常不奏效，迫使不安的一方開始檢視自己，去發掘自己的深度與人生意義，而不是繼續在伴侶身上尋找。如果這種說服竟然成功了，那這對伴侶就得想辦法壓制下一次這種追逃危機的爆發。

兩方都需要能受得住煎熬，一方覺得快窒息，拒絕被束縛，而另一方不得不把能量投回到自己的其他興趣上，不過，這麼做的同時，必須承受「彼此關係不再有意義」的懷疑感。

婚姻關係需要經過長時間的歷練與轉型，才有希望從直覺本能的相處轉化為一種個人的、心理層次的關係。但很多人在第一關就卡住了。

這種轉型的關鍵是，必須適度地收回心理投射，同時發展一個豐富的內在世界，能夠用以因應並且面對「我到底是在跟怎樣的一個人相處」的現實。此外，我們也必須面對愈來愈清楚的、自己的真實樣貌，這唯有在關係的鏡子中照見。

持有真實，需要一種能力，能夠哀悼失去的和永不可得的。

我們的情愛關係不是單純的東西。

婚姻困境，就是自我整合的危機和轉機。

如果不知從哪裡著手才能邀請生命的智慧現身，就從照鏡子開始吧！

是的，一面普通的鏡子。從一面普通的鏡子開始，觀看妳自己。

我的氣息。

我的表情。

我的皮膚。

我的髮。

我的脖子。

我的肩膀，乳房，肚子。

我的手臂。我的腿。

我的臀部。我的私密之處。
我的身體需要什麼？

在仔細端詳之下，普通的鏡子開始變成映照心靈的鏡子。

我有趣嗎？
我活潑嗎？
我在想什麼？
我想要什麼？
我的腦袋要什麼？
我的情感要什麼？

繼續觀看，妳會驚訝地發現，這面鏡子也可以讓妳看見妳的伴侶。

他在我身上留下什麼痕跡？
他給我印上了黑眼圈？
他刻深了我的法令紋？
他任我的皮膚乾燥？

妳認識他嗎？
他認識妳嗎？
妳認識自己嗎？

歡迎內心出現的訊息。尊重妳的訊息。

有些訊息可能讓人害怕，沒關係，妳可以慢慢品嘗，不需要立刻做什麼回應。